상상하는 수업, 구글클래스룸

상상하는 수업, 구글클래스룸

펴 낸 날/ 초판1쇄 2019년 12월 25일
          개정판1쇄 2020년 05월 18일
지 은 이/ 윤지영

펴 낸 곳/ 도서출판 기역
펴 낸 이/ 이대건
편   집/ 책마을해리

출판등록/ 2010년 8월 2일(제313-2010-236)
주   소/ 전북 고창군 해리면 월봉성산길 88 책마을해리
          서울 서대문구 북아현로 16길7
문   의/ (대표전화)070-4175-0914, (전송)070-4209-1709

ⓒ 윤지영, 도서출판 기역, 2019

ISBN 979-11-85057-81-1 03370

이 도서의 국립중앙도서관 출판예정도서목록(CIP)은 서지정보유통지원시스템 홈페이지
(http://seoji.nl.go.kr)와 국가자료종합목록 구축시스템(http://kolis-net.nl.go.kr)에서
이용하실 수 있습니다.(CIP제어번호: CIP2019050649)

상상하는 수업 구글클래스룸

에드테크로
교육과정·수업·평가·기록 일체화

윤지영 지음

ㄱ

교과서를 벗어나
훨씬 넓고 다양한 세상을 보여주는
구글클래스룸

　누구나 인생의 터닝 포인트가 있다. 교사로서 나의 터닝 포인트는 2년 전 미국 파견연수의 경험으로부터 비롯되었다. 교사이지만 동시에 초등학생 자녀 두 명을 둔 엄마였던 나는 가정에서 자리를 비운 적이 거의 없었다. 그러나 6개월 동안의 파견에 대해서는 고심 끝에 결단을 내리고 말았다. 생각한 대로 떠나지 못한다면 가지 못한 길에 대한 후회로 누군가를 볼모로 삼고 탓을 하며 남은 인생을 불행하게 살 것만 같았다. 가족 모두에게 힘든 6개월이 될 수 있지만, 오히려 그 이후에는 훨씬 더 많은 시간을 행복하고 감사하게 살 수 있을 것이라는 마음이 들었다. 결국 많은 우려를 뒤로 하고 연수를 떠났다. 돌이켜보면 인생의 결정적인 한 국면이었던 것 같다.

나 자신을 위해 귀하게 얻은 6개월을 하루도 헛되게 보내서는 안된다고 생각했다. 이수해야 하는 프로그램에 열심히 참여하면서도 틈나는 대로 많이 보고, 듣고, 해보려고 기를 쓰고 노력했다. 복귀 후 학교로 돌아가면 더 좋은 교사가 되는 것이 이 시간을 허락해 준 분들에 대한 보답이라고 여겼다. 서로 다른 과목이었음에도 우리 팀은 매주 수업 참관이 끝나면 다시 모여 얻게 된 것들을 서로 공유하는 시간을 갖고, 가진 것을 두 배, 세 배로 키워갔다.

그래도 여전히 배움에 대한 배고픔은 해소되지 않았고, 다시 오지 않을지도 모를 그 시간들을 의미 있게 보내기 위해 여기저기 눈을 돌렸다. 미네소타 테솔 2박 3일 학회, 인디애나폴리스의 테솔 학회와 구글 세미나 그리고 시카고 에드테크 Bootcamp! 민주, 소연, 영민 샘이 함께 했기에 더 많이 보고 더 멀리 뛸 수 있었다.

2018년, 학교로 복귀한 후 배우고, 다짐하고, 생각했던 것들을 하나씩 수업으로 펼치기 시작했다. 그 중에서도 구글클래스룸을 바탕에 두고 수업과 평가 그리고 기록의 일체화를 이루려고 노력했다. 잘 되지 않을 때는 잠시 멈춰 다시 배우고 적용하기를 반복했다. 그래서 매끄럽지 못한 부분도 있다. 그 부자연스러움은 시행착오로 여겨주시고 널리 양해를 바란다. 지난해보다 올해 더 나아진 것을 보니 아마 내년에는 더 많은 행복한 수업을 할 수 있지 않을까? 하고 기대해 본다.

　구글클래스룸을 이용하면 생각하는 대로 수업이 이루어진다. 아이들에게 교과서를 벗어나 훨씬 더 넓고 다양한 세상을 보여줄 수 있고 아이들의 생각과 소리를 더 많이 귀 담아 들을 수 있다. 생각대로 수업이 이루어지니 아이들도 나도 더없이 행복해졌다. 고3 수업이었기에 수업 활동의 폭이 넓지는 않다. 그러나 고3과도 가능한 수업이었음을 감안한다면 또 다른 희망을 보게 될 것이다. 중간중간에 끼어든 개인적인 이야기들은 잠시 쉬어가는 이야기로 생각해도 좋다. 인간적인 이야기들을 나누고 싶은 욕심을 버리지 못했다.

　이 책을 펴내기까지 매 수업을 기대하는 눈으로 나를 바라봐 주고 즐겁게 수업에 참여해 준 2019년 해남고등학교 3학년 학생들에 대한 고마움을 잊을 수 없다. 가장 비중을 두고 쓴 수업과 평가 부분은 아이들이 없었다면 써 낼 수 없었을 것이다. 그리고, 고3 담임에 교육과정 부장까지 맡은 엄마가 책까지 쓰게 되어 잘 챙겨주지 못하는데도 늘 멋지다며 응원해주는 마음이 예쁜 나의 두 아이들은 내게 든든한 지원군이었다. 그리고 교사로서뿐만 아니라 인생의 터닝 포인트가 된 파견 연수도, 그 곳에서 배우고 생각했던 것들을 책으로 펴내어 나눌 기회를 주신 모든 분들께 감사의 마음을 전한다.

수업시간이 기다려지는 나를 보며 내가 서 있는 교사로서의 자리가 내겐 더 없이 소중해졌다. 그럴수록 나는 더 행복해진다. 선(善)순환이다.

2019년 12월

더 행복한 내일의 수업을 그리며 윤지영

| 차례 |

프롤로그

교실수업의 '소확행', 구글클래스룸

영어교사로 재직한지 벌써 16년째이다. 그동안 부장교사만 9년째다. 담임을 피하려고 하지는 않았지만 육아와 병행하며 일반계고 담임을 한다는 것은 학급의 내 아이들에게 피해를 줄 것 같았다. 담임을 맡지 못하게 되니 무슨 일이든 맡겨진 대로 하는 것이 도리라고 생각했다. 그렇게 해서 맡게 된 일이 교육과정 부장이다.

부장교사 경력 9년 동안 초반 방과후학교부장 2년을 제외하고는 7년째 교육과정 부장을 맡아오고 있다. 그사이 2007교육과정, 2009교육과정, 2009개정교육과정 그리고 현재의 2015개정교육과정에 이르기까지 짧은 기간 동안 교육과정은 참 많은 변화를 겪었다. 2018년에 고등학교도 2015개정 교육과정의 적용을 받게 되었다. 그러나 적용 전 성공적 안착을 위한 많은 연수 중 2015개정교육과정이 고등학교에 도입되는 2018년 이전까지 많은 준비가 필요했다. 그 시기 교육과정 부장을 맡고 있던 나는 참 많은 연수를 다니고 공부도 해야 했다. 선택형 교육과정과 학생 활동중심수업 그리고 배움과 성장을 지원하는 과정중심 평가를 축으로 학교에 변화되어야 할 것들이 한두 가지가 아니었다. 벌써 그 시간들이 오래전 일처럼 느껴지는 것은 이제는 활동중심수업이나 과정중심평가라고 하는 것들이 이미

고등학교에도 더 이상 낯설지 않게 여겨지기 때문일 것이다.

여하튼 나름 역동의 시기였던 2015년, 교육과정을 맡은 나는 참으로 어렵기도 했지만 그 덕분에 좋은 연수들에 참여할 수 있는 기회도 주어졌다. 경희대 석철진 교수 강의를 들으며 시대가 어떻게 변해갈지를 생각하며 가슴이 떨리면서도 착잡했다. 충북대 오기영 교수 강의를 들을 때는 '아~ 내 아이들의 선생님들도 저런 변화를 깨닫고 저렇게 수업해 주셨으면 좋겠다' 하는 생각이 절로 들었다. 그러나 그 기대는 내 학생들의 부모님들이 교사인 내게 요구하고 있는 것과 다를 바가 없다는 생각에 뒤통수가 얼얼한 느낌이 들어서 한동안 아무 생각도 할 수 없었다.

쉽사리 바뀔 것 같지 않던 내 수업은 그때를 계기로 전면 개편에 들어갔다. 고등학교 3학년 수업만 내내 해오던 내가 제일 직면하기 싫은 순간은 생활기록부에 교과 세부능력 특기사항을 써야 하는 때였다. 아무리 생각해도 수업시간에 활동을 한 사람은 열심히 강의를 했던 교사인 나뿐이고 학생들은 잘 듣기만 한 것 같은데 세부능력 특기사항이라니……. 그래도 쉽사리 방법을 찾지 못했던 내가 오기영 교수 덕분에 수업을 고민하기 시작했던 때가 2016년이다. 그사이 대단하지는 않지만 수업 개선을 위해 꾸준히 노력해 오고 있었다.

수업을 바꾼다는 것은 개인적인 의지만으로는 잘 되지 않았다. 조금 시도해 보다가도 다시 전처럼 되돌아가 버리곤 한다. 예전 방법이 분명 내게 더 편하고 익숙하기 때문일 것이다. 그래서 늘 명분이 필요했다. 수업을 바꿀 수밖에 없는 명분 말이다. 대단한 일보다는 내가 수업을 바꿀 수밖에 없도록 내게 작은 미션들을 해마다 주고 그 미션을 해낼 때마다 작은 표시로 선물을 주곤 했다.

2016년은 교내 '좋은수업실천연구'에 도전했다. 교내수업공개이기 때문에 큰 부담을 가질 필요는 없지만 어떤 상황에서는 수업 공개는 부담이다. 더구나 좋은 수업이지 않은가. 스스로 생각해 보아도 좋은 수업이 아니니 공개할 수가 없었다. 그러나 좋은수업실천연구에 일단 신청을 하고 나니 공개를 위해서라도 수업을 고민할 수밖에 없었다. 그때 '소크라티브'앱을 사용해서 토의·토론 수업을 했다. 2016년 고등학교 3학년이었던 제자들에게 참 고맙다. 열심히 새로운 수업을 기대하며 매시간을 기다려준 아이들이 있었기에 내 수업 변화의 시작은 꽤 성공적이었다. 그 해 수업에 대한 고민의 결과를 전라남도교육연구정보원에서 12월에 발간한 『수업 연구 Vol.45』(2016)에 원고로 실을 수 있었다.

2016년 한 번 수업 개선을 시도하니 2017년에는 좀 더 탄력이 붙었다. 1학기에 2017 전남중등영어교육연구회 우수수업발표회에서 수업 사례를 발표하게 되었고, 여러 선생님들의 격려와 칭찬으로 수업에 조금씩 자신감이 생겨나기 시작했다.

그해 1학기를 마무리하고 나는 미국 퍼듀대학교로 약 6개월간 파견을 떠났다. 초등학교 2학년과 4학년이 된 두 아이를 애들 아빠에게 맡겨두고 떠나기로 결정한 터라 주변에서 쓴소리도 많이 들어야 했다. 몇 번을 파견 포기서를 내야 할까 고민했지만 포기하게 되면 남은 삶을 괜한 아쉬움으로 누군가를 원망하며 살 것 같았다. 그러느니 차라리 반년 힘들더라도 다녀와서 정말 열심히 감사하는 마음으로 보답하며 사는 것이 보다 나은 길이라는 생각이 들어서 마음을 굳히게 되었다. 여러 우여곡절 끝에 가게 된 파견 생활 동안 나는 잠시 침대에 누워 쉬는 시간조차도 아까워서 허투루 보내지 않았다.

퍼듀대학교 ESL[1] 강사들에게서 영어교사인 내가 더 할 수 있는 것들이 없나 묻고 찾아다니면서 예상보다 많은 것을 얻을 수 있었다. 내게 처음 테솔(TESOL)[2] 학회 정보를 주었던 헤수스(Jesus)와 헤더(Heather) 덕분에 영어교육에 관한 정보를 얻을 수 있었고 헤수스가 미네소타에서 열린 미네테솔(MINNETESOL)[3] 정보를 주어 비행기를 타고 시카고에서 미네소타에 날아가 2박 3일 호텔에서 머물면서 학회에 참석하는 경험을 할 수 있었다. 팟캐스트(Podcast)를 활용한 듣기와 말하기 수업 사례를 발표하러 학회에 참석하게 된 헤수스가 아니었다면 엄두를 내지 못했을 일이다. 미네소타에 다녀온 후 한 번은 더 가봐야 뭔가를 알 수 있을 것 같았다. 테솔 홈페이지에

미네소타에서 열린 2017 미네테솔

---

1) ESL(English as a Second Language)는 제2외국어로서 영어를 공부하는 것.

2) TESOL(Teaching English to Speakers of Other Languages)은 '영어를 모국어로 하지 않는 사람에게 영어를 가르치는 방법(교수법)'을 배우는 학문으로, 학사, 석사, 그리고 박사 과정으로 이루어져 있다. 테솔에서 다루는 주요 과목은 테솔학설, 교수법, 연구, 모국어, 제2모국어 언어습득, 음성학, 구문론, 언어학, 영문법 등이 있다.

3) MinneTESOL은 미네소타 주와 인근 주에 있는 제2외국어로서의 영어 교사들의 전문 협회로서 모든 공교육과 사교육 수준에서 영어를 습득하는 학생들의 교육과 지원에 헌신하고 있다.

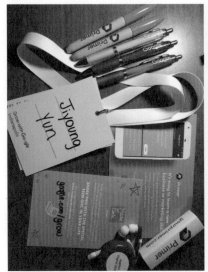

인디애나폴리스에서 우연히 접하게 된 GrowWithGoogle 세미나

서 일정을 확인한 후 렌트카를 빌려 4시간을 운전해 간 곳이 인디애나폴리스에서 열린 인테솔(INTESOL)[4]이었다.

그렇게 달려갔던 그곳에서 테솔은 물론이고 우연히 박물관에서 열린 GrowWithGoogle 세미나에 참석할 수 있었으니 '뜻이 있는 곳에 길이 있다'는 말을 실감할 수 있었다.

이 우연한 인연이 계기가 되어 내가 있는 곳에서 가까운 시카고에서 1월쯤 에드테크 캠프가 열릴 예정이라는 고급 정보도 얻게 되었다. 다행히 내가 한국으로 돌아와야 할 2월보다 앞서 그 넓은 미국에서도 차로 한 시간 거리밖에 안 되는 곳에서 행사가 열린다니, 어찌 감사하지 않을 수 있겠는가!

---

4) Indiana Teachers of English to Speakers of Other Languages.

그래서 파견 중 가까워진 동료 선생님들과 함께 총 다섯 명이 시카고에서 열리는 에드테크 캠프에 참여할 수 있게 되었고 2박 3일 동안 캠프 근처 호텔에서 함께 머물며 통학하는 학생들처럼 아침이면 우버를 타고 될 수 있는 한 많은 세션을 소화하기 위해 참 열심히 참여했다. 우리는 다섯 명이었지만 몰려다니면 그만큼 얻을 수 있는 정보는 작아진다는 생각에 나눠 듣기로 했다. 서로 나뉘어 들은 내용은 끝나고 호텔에 돌아와 서로가 공부한 내용을 공유하고 적용해 보는 과정을 잊지 않았다. 우리는 정말 열의가 대단한 자랑스러운 진남의 교사들이었다. 주마다 이루어진 학교 방문에서 얻은 소중한 깨달음들, 여느 학부생들보다 성실하게 참여하고 과제를 해냈던 ESL 수업 그리고 아쉬움에 스스로 찾아 나서서 얻게 된 다양한 수업 팁과 정보, 교육의 흐름과 동향을 깨닫고 2018년 2월 한국으로 돌아오게 되었다. 많이 받았으니 훨씬 더 많은 것을 되돌려 줄 수 있는 방식으로 보답하자고 다짐했다.

꼭 적용해 보고 싶었던 수업은 구글클래스룸과 다양한 앱을 적용한 에드테크 수업이었다. 그러나 3월의 학교는 참 새롭고 설레지만 어딘지 모르게 어수선하다. 더구나 새로운 학교에 전입해 온 경우는 더욱 그러하다. 지난 겨울 동안 내내 꿈꾸며 해 보고 싶었던 수업을 드디어 펼칠 수 있겠다 생각하니 2018년 3월은 내게 어수선함보다는 더 큰 기대감을 주었다. 항상 업무에 쫓기다보면 특히 3월은 가끔 수업이 더 뒷전이 될 때가 있고 그럴 때면 늘 마음속에 자리하던 불편함 그리고 미안함을 올해는 겪고 싶지 않았기 때문에 몇 가지 해 보고 싶었던 수업을 미리 준비했다. 그런데 마음이 우울해졌다. 꿈꾸던 수업을 하기는커녕 아무런 변화도 없는 내 수업 현실에 울고 싶었다. 이대로 그냥 포기하려고 하니 지난 6개월간 배우며 다 짐했던 시간들이 물거품 되는 것 같았다. 이때 필요한 것이 명분이다. 내 의 지를 다질 수 있는 명분!

내 수업 개선의 명분은 2018년 교실수업 개선 실천사례 연구발표대회였 다. 그것을 명분 삼으니 교내 좋은수업 실천연구를 신청하게 되었고 좋은 수업실천연구에서 나름의 좋은 수업을 공개해야 한다는 스스로에게 지운 의무감으로 수업을 고민하게 되었다. 어려움을 해결하기 위해 유튜브와 다 양한 루트를 통해 구글클래스룸을 공부하게 되었다. 내겐 명분만 주면 되 는 일이었는데 그 명분들은 내게 등급표창까지 안겨 주었다.

2019년 나는 같은 식으로 움직였다. 고등학교 3학년을 맡게 되었지만 수업 개선만큼은 포기할 수 없었다. 더구나 이미 지난 3년간의 노력으로 나는 나름 아이들에게 먹히는 스마트한 수업을 하는 선생님으로 인식이 되 어 있기도 했다. 올해 내 수업의 명분은 바로 구글클래스룸을 쉽게 적용할 수 있는 책 한 권을 내는 것이다. 사실 지난해 미국에서 사 온 책들로는 초 보자인 내가 따라하기에는 설명이 부족했고 우리나라에서 현재까지 출판 된 책은 구글의 기능적 측면에만 초점을 두어 수업과는 좀 거리가 멀다는 개인적인 생각을 가지고 있었다. 그래서 이를 보완한 책을 쓸 수만 있다면 수업 개선을 고민하는 선생님들께 도움이 될 수 있을 거란 생각으로 시작 한 일이다.

책을 내려고 생각하니 원고를 위해서라도 수업을 고민해야 했다. 구글클 래스룸 공부도 더 해야 했다.

2020년을 눈앞에 둔 지금 수업은 이미 바뀌었고 나는 학생들과 수업에서 참 많이 웃고 행복할 수 있었다. 그리고 나니 책은 내게 이미 줄 것은 다 준 것 같다. 책을 내지 못한다고 해도 서운하지 않을 수 있는데 책이 나온다니, 결국 책은 내게 덤으로 주어지는 과분한 선물이 된다.

그 선물을 이 책을 읽게 될 선생님들께 돌려 드릴 수 있으면 좋겠다. 학생들이 주인공이 되어 선생님과 상호작용하며 행복하게 웃는 교실풍경을 그려본다.

I
구글클래스룸 수업 준비

구글클래스룸이란?

영어교사라면 단어 쪽지시험을 실시하고 채점하기 위해 답안지를 걷어왔지만 업무에 바빠 답안지를 교무실 책상 서랍 속에 쌓아두고는 학기말이 되면 밀린 답안지를 채점하고 점수를 입력하고 통계내기 바빴던 경험이 있을 것이다. 한 공개수업을 참관하러 가서 거꾸로 수업을 위한 수업 동영상을 촬영해서 이를 어디에 탑재해야 할 것인가를 놓고 고민한 적이 있을 것이다. 수업 중 모둠활동을 시키고 모둠의 결과물을 화이트보드에 적게 하거나 이젤 판에 작성하여 교실 칠판이나 벽면에 게시하여 공유하는 활동을 해본 적도 있을 것이다. 그러나 그 결과물을 누적하여 포트폴리오화하기에는 화이트보드나 이젤판을 보관하기 쉽지 않아 학기말 학생별 혹은 모둠별 활동 결과를 교과세부능력특기사항에 작성하기 어려웠을 것이다.

이 모든 것과 더불어 더 다양한 것들을 가능하게 만들어서 진정한 학생중심수업으로 교실 수업의 혁신을 가져올 수 있는 방법이 구글클래스룸 운영이다. 새로운 교수학습방법이 아니다. 교수학습활동을 관리하고 누적하고 학생중심의 상호작용적 수업을 운영할 수 있는 웹 기반 학습관리시스템(LMS-Learning Management System)이다. 학생들에게 필요한 다양한 학습 콘텐츠를 제공하고, 학습자들의 과제물에 대해 시간과 공간의 제약 없이 피드백을 제공하고, 질의응답, 퀴즈 및 동영상 강의, 과제제출 및 과정 평가가 이루어 질 수 있다.

구글클래스룸을 이용하면 수업 장소가 꼭 교실일 필요는 없다. 수업 중 교사가 자리를 지키지 못할 사정(갑작스런 회의, 협의회, 동료교사 수업 참관 등)이 발생하면 자율학습을 주거나 자율학습하는 반을 다른 교사가 감독해 줄 수 있다. 아까운 50분의 수업시간이 그냥 지나가게 될 수 있다. 학습지를 줄 수도 있겠지만 아이들의 집중력은 한계가 있고 시간 내에 다 끝내는지 확인이 어렵다. 바로 이때, 필요한 것이 구글클래스룸이다. 미리 계획하고 준비한 과제를 게시하고 제출 기한을 수업시간 종료 종이 울리기 전으로 설정한 후 과제 제출에 관한 안내를 한 후 교사는 협의회나 회의에 참석할 수도 있다. 학생들의 과제 제출 유무가 교사의 스마트폰으로 알림이 설정되어 있어서, 학생들의 과제 제출 진척도를 확인할 수 있고, 구글문서를 이용하는 경우, 우측 상단에 학생들의 참여 여부를 확인할 수도 있다. 학생들뿐만 아니라 선생님들도 교수·학습 장소나 시간 등에 제한받지 않게 되는 것이다.

구글클래스룸 시작하기

학교단위로 G-Suit for Education(구글 교육용 클라우드 서비스) 구축을 신청할 수 있다. G-Suit 가입으로 학교 계정이 만들어 지면 모든 학생들에게 일괄적으로 구글 계정이 만들어지고 관리할 수 있다. 그러나 여기에서는 개인 구글 계정으로 학생들과 구글클래스룸 활동을 하는 방법을 택했다. 전체가 움직이기 전에 혼자서 공부하고 배워가며 터득한 것이라서 시작이 소박했다. 괜히 학교 계정을 구축해 두고는 책임지지 못할까봐 부담스러운면도 있었고, 구글클래스룸 운영이 또 다른 업무가 되기를 바라지 않았기때문이다. 혼자서도 소박하게 내가 하고 싶었던 수업을 조금씩 바꾸었던것처럼 이 책을 읽고 누구나 바로 지금 오늘부터 구글클래스룸을 운영을시작할 수 있기를 바란다.

1. 수업 개설하기

가. 수업을 개설하기 위해서는 http://classroom.google.com을 방문하거나 본인의 구글 계정 개설 후 구글 앱 클래스룸 아이콘을 추가(구글클래스룸 아이콘은 구글 앱에서 '더보기'(More)에 있음).

나. 오른적 상단의 「+」 아이콘을 클릭 ⓐ

다. 수업 개설하기(Create class) 선택 ⓑ

라. 반, 과목명 등을 입력한 후 개설(create)한다.

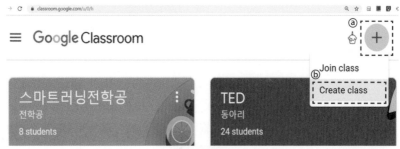

수업 개설하기

PC뿐만 아니라 스마트폰에서도 운영이 가능하다. 수업 개설부터 과제
제시 그리고 제출된 과제의 평가까지 시간과 장소에 구애받지 않고 학생들
의 학습 관리가 가능한 점은 사용해 보면 그 진가를 안다.

2. 수업 코드 확인하기

PC에서 확인하는 경우 구글클래스룸 메인 화면의 왼쪽 중앙의 Class
code가 보인다. 그 옆의 ❏를 클릭하면 구글클래스룸 코드가 크게 화면에
표시된다.

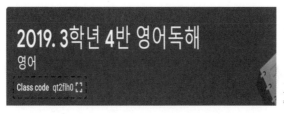

가끔, 한참 지난 후에 뒤늦게 코드를 되묻는 학생들이 있다. 스마트폰 앱을 통해서도 언제 어디서나 확인이 가능하다.

구글클래스룸 앱을 실행 / 클래스 선택
/ 오른쪽 상단에 설정단추(⚙) 클릭 ⓐ / 중앙에 수업코드 확인 ⓑ

수업 코드는 재설정이 가능하다. 조합이 마음에 들지 않는 경우 수업 코드 재설정을 누르면 코드의 조합이 계속 바뀐다.

3. 학생 초대

가. 학생들을 구글 계정에 가입하게 한다.

나. http://classroom.google.com에서 오른쪽 단의 ⓐ「+」아이콘을 클릭하고, ⓑ의 '수업 참여하기'(Join class) 클릭

다. 교사가 알려준 클래스 코드를 ⓒ에 입력하고 가입(Join)

4. 학생 확인

학생을 초대한 후에는 학생들이 개설한 반에 잘 들어와 있는지 확인한다. 확인은 개설한 구글클래스룸에서 사용자ⓐ를 클릭한다.

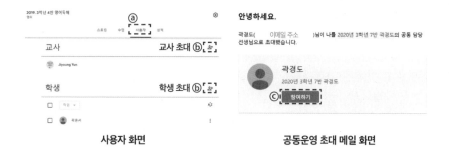

사용자 화면　　　　　　　공동운영 초대 메일 화면

아직 수업에 들어오지 않은 학생은 〈학생초대ⓑ〉를 클릭하고 이메일 주소를 입력하여 학생을 초대할 수 있다. 학생이 메일을 확인하고 수락버튼을 클릭하면 수업에 참여할 수 있다.

동일한 과목을 두 명 이상의 선생님들이 함께 수업을 관리할 경우, 학년별로 또는 학급별로 학급을 개설하여 운영할 수도 있다. 함께 운영할 교사를 초대하면 된다. 〈교사초대ⓑ〉를 클릭하고 초대할 선생님의 메일 주소를 입력하면 된다. 이때, 초대받은 선생님이 메일을 확인하고 〈참여하기ⓒ〉를 클릭하면 바로 함께 공동 수업 운영자가 된다.

구글클래스룸 메인 화면 이해하기

수업 개설과 학생초대를 완료했으면 구글클래스룸 운영 준비는 거의 다 된 것이다. 너무 간단하다. 이제는 구글클래스룸 내에서 학습 관리나 과제 게시 및 평가를 실시하면 된다. 그러나 막상 메인 화면을 보니 여러 가지 기능들이 많다. 이 기능들을 잘 이해해서 활용하면 보다 효율적인 클래스룸 관리가 가능하다. 그렇지만 잘 보지 않고 무턱대로 사용하게 되면 나중에 다시 정리하느라 아까운 시간을 보내야 할 수 있으니 처음부터 메인화면을 제대로 이해하고 시작하기를 바란다. 구글클래스룸 관련 기본적 기능 이해에 초점을 두고자 한다.

1. 간단한 공지 또는 자료 공유는 여기! 스트림(Stream)

스트림(Stream)은 클래스룸에 업로드한 모든 과제가 일자별로 보인다. 소식이나 자료들을 공유해 보세요(Share something with your class)를 활용하면 간단하게 전체 공지사항이나 공유하고 싶은 것 등을 올릴 수 있다.

스트림 화면

스트림에 간단한 공지 및 자료 공유
우측 상단의 클립모형 클릭하면 아래처럼 파일을 함께
올리거나 링크를 공유할 수 있다.

Tip

1. 사진에 보이는 반 이름은 언제든지 수정이 가능하다. 여기에 보이는 이름은 '2019년 3학년 4반 영어독해'이지만 반의 특성을 살려서 재치 있는 이름으로 설정할 수도 있다.

2. 구글클래스룸 이용할 때 큰 장점은 공유하는 파일의 형식이 다양할 뿐만 아니라 손쉽게 이용이 가능하다는 것이다. 드라이브에 저장되어 있는 파일을 선택하거나, 유용한 사이트의 링크를 걸어주거나, 오프라인 자료를 카메라로 찍어서 바로 업로드하거나, pc에 저장해 놓은 파일을 이용거나, 카메라를 이용해 동영상으로 업로드할 수도 있다. 예전처럼 동영상을 찍어 별도로 저장하고 파일을 변환하거나, 하이퍼링크를 걸 필요도 없다. 공유하고자 하는 파일의 형식에 맞는 방법을 선택해 클릭만 하면 된다.

3. 구글언어 변경

(한글···→영어) 구글계정→데이터 및 맞춤설정→일반웹 환경 설정→언어→기본언어 설정 변경

(영어···→한글) Google Account→Data & Personalization→
　　　　　General Preferences→Language→Default language

2. 과제 제시는 여기! 수업(Classwork)

수업(Classwork)에서는 과제를 주고 완성한 과제를 제출받을 수 있다. 과제의 종류나 유형에 따라서 선택적으로 과제를 제시할 수 있다.

1) 구글문서(Google Doc) 이용한 과제는, 과제(Assignment) 📋

> **PC** 수업(Classwork) ⋯ 만들기(Create) ⋯ 과제(Assignment) → 제목, 안내사항 입력
> (--> 문서포함 과제제시: 하단의 추가 버튼ⓐ 클릭하고 문서 추가) ⋯ 필요시 점수, 기한, 주제 등ⓑ 선택 입력과제 내용 설정 ⋯ 과제 만들기(Assign)
> **스마트기기** 수업 / + / 과제 / 옵션 설정(첨부파일은 클립) / ➢

구글문서는 수정 내용이 실시간 저장되고 작성한 파일을 다른 사람들과 손쉽게 공유할 수 있다. 수업시간 중에 모둠 혹은 개인 활동 후에 결과를 모두 함께 공유하고 싶을 때 유용하게 활용이 가능하다. 별도로 구글문서에 작성하지 않고 학습지에 필기한 내용을 바로 사진을 찍어 제출할 수 있기 때문이다.

① 과제 제시 순서

수업 -> 만들기 -> 과제   과제 옵션 설정

참고자료 제시할 경우 상단의 클립 클릭　　　　**과제 옵션 선택**

② 과제 제시 사례

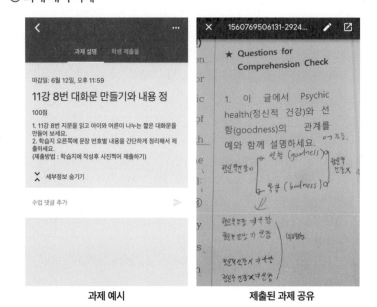

과제 예시　　　　　　　**제출된 과제 공유**

Tip 과제 마감일을 똑똑하게 제시하면 수업 참여율이 UP!

미국 파견 중에 수업 참관을 하면서 느낀 점이다. 내가 참관했던 두 학교의 여러 수업시간에 미국 선생님들은 수업시간 내내 강의를 하지는 않았다. 절반 정도의 시간동안 활동을 하고 활동결과를 제출한 후 학생들은 모두 교사가 제시한 개별 과제를 수행한다. 선생님의 특별한 지도 없이도 조용히 그리고 묵묵히 자기 활동을 해내는 아이들이 참 대견하게 느껴졌다. 그리고 선생님은 그사이 학생들의 활동지를 체크하고 피드백해서 차례로 돌려주었다. 또 한 경우는 별다른 잔소리를 하지 않아도 모둠별 혹은 개별로 열심히 수업시간에 학습지를 가지고 뭔가를 해내느라 바빴다. 물론 교사는 한 모둠의 아이들에게 소그룹 지도를 하고 있었다. 비결이 뭘까? 무엇 때문에 아이들은 저렇게 자기주도적으로 열심히 수업활동에 참여하는 것일까? 선생님에게서 답변을 들을 수 있었다. 모든 활동은 그 시간에 완료해서 제출하고 가야 하기 때문에 열심히 하지 않을 수가 없다는 것이다. 아하! 어쩐지 우리는 수업시간은 수업시간대로 바쁘고, 학생들의 배움과 성장이 일어나는 과정이 중요한 줄 알면서도 이를 기록하고 피드백할 시간이 절대적으로 부족하다는 생각을 늘 했다. 핑계일지도 모른다. 그러나 이제는 더 이상 그 핑계를 대지 않아도 된다.

어떻게? 학생 활동중심 수업을 진행하면서 활동 참여 결과물을 수업 종료 시간에 맞추어 제출받으면 된다.

수업시간에 활동에 참여하지 않고 무임승차하거나, 주어진 과제를 성실하게 하지 않은 학생들이 있다. 수업시간 중에 과제를 제시하고 제출시간을 수업시간내로 지정하면 학생들의 변화된 모습을 보고 소확행을 느낄 수 있다. 시간 중에 제출해야 하므로 본인의 활동에 더 집중해서 참여하게 된다. 제출 시간을 넘긴 친구들은 구글클래스룸 과제 제출 화면에 미제출(Missing), 늦게 제출함(Done late)이 표시되기 때문이다.

2) 구글 폼 이용한 과제는 여기! 퀴즈과제(Quiz Assignment)

> **PC** 수업(Classwork) ⋯▸ 만들기(Create) ⋯▸ 퀴즈과제(Quiz Assignment) ⋯▸ 과제 내용 설정 ⋯▸ 과제 만들기(Assign)
>
> **스마트기기** 수업 / + / 과제 / 옵션 설정(첨부파일은 클립) / ➤

과제제시 방법과 활용법은 '과제'와 동일하다. 단, 'Quiz Assignment'를 선택하면 자동으로 구글 폼이 첨부된다. 구글 폼은 설문조사나 시험결과 분석에 매우 유용하게 사용되고, 수업시간에는 간단한 퀴즈를 제시하기에 유용하다. 퀴즈를 내면 바로 결과까지 분석해주기 때문이다.

과제 제시 사례

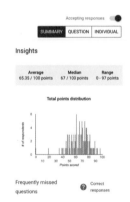

구글 폼이 제공해 주는 분석 결과

과제 예시

문항별 분석

3) 수업시간 Pop 퀴즈는 여기! 질문(Question) ?

> **PC** 수업(Classwork) ⋯▶ 만들기(Create) ⋯▶ 질문(Question) ⋯▶ 질문 설정 ⋯▶ 질문하기(Ask)
> **스마트기기** 수업 / + / 질문 / 옵션 설정(첨부파일은 클립) / ➤

구글 폼은 여러 개의 문항을 한꺼번에 묻거나, 통계가 필요한 경우에 활용하면 좋고 구글클래스룸은 하나의 문항을 간단하게 제시해서 학생들의 반응도를 살피기에 매우 유용하다.

과제 제시 사례

| 과제 제시 옵션 | 완성된 질문 화면 | 과제 제출 결과 |

수업시간 중에 간단히 실시할 수가 있고 문제의 유형은 단답형 문항과 선다형 문항을 만들 수 있다. 학생들의 제출물은 개별 확인이 가능할 뿐만 아니라 전체 학생을 클릭하면 전체 결과도 확인할 수 있다.

4) 거꾸로 수업자료와 보충 자료는 여기! 자료(Material)

PC 수업(Classwork) ⋯ 만들기(Create) ⋯ 자료(Material) ⋯ 자료 내용 설정 & 자료 삽입(파일, 링크, 사진, 동영상) ⋯ 게시물(Post)
스마트기기 수업 / + / 자료 / 옵션 설정 / 파일첨부(클립선택) /

많은 선생님들이 거꾸로 수업을 진행한다. 거꾸로 영상을 보고 학습지를 완성해 제출하는 수행평가도 실시한다. 그런데 찍은 영상을 어디에 올릴 것인가 고민하는 선생님을 만난 적이 있다. 포털사이트의 카페나 밴드를 활용하시는 선생님들도 계신다. 그러나 실시간 피드백 주고받기가 어렵고 영상의 사이즈가 커서 어려움을 겪게 된다. 이를 해결해 주는 곳이 바로 여기 '자료(Material)'이다.

특히 요즘은 탈 교과서 시대이다. 세상은 넓고 자료는 방대하다. 그 많은 자료를 교과서에 다 담을 수 없는 일이므로, 수업 자료는 교과서에 한정해서는 안 될 일이다. 영어과의 경우 '정보처리역량'이 중요한 핵심역량 중 하나이기도 하다. 개인적으로 정보처리역량은 방대한 자료를 읽고 사고를 통해 받아들이고 판단을 하고 때로는 진위여부를 가릴 수 있는 능력이라고 생각한다. 정보의 홍수 시대에 반드시 필요한 역량인 것이다. 정보의 홍수 속에서 아이들이 정보를 탐색하고 적절한 정보를 찾는 데 너무 많은 시간이 걸려 비효율적인 학습이 될 수 있다.

바로 이때, 교사가 방대한 자료 속에서 정말 유용한 자료만을 골라 학생들에게 제공할 수 있으면 좋을 것이다. 자료의 형태도 다양하고 학생들의 학습 스타일도 다양하다. 어떤 학생들은 영상자료를 선호하고 어떤 학생들은 읽기자료를 더 편하게 받아들이기도 한다. 학생들의 다양한 학습 스타일도 존중해 주면서 도움을 줄 수 있는 학습자료를 교사가 먼저 찾아야 한다. 자료의 스타일은 동영상, 신문기사, 책, 듣기자료 등 다양하다. 그 다양한 자료를 한 곳에 탑재해 주고, 학생들이 자신의 학습 스타일에 맞는 자료를 선택하여 학습에 참여하게 한다면 참 좋을 것이다. 정보 탐색에 너무 많은 시간을 소비하는 일도 없어지고, 본인이 좋아하는 자료를 선택해 학습할 수 있다는 사실이 학생들에게도 '소확행'인 것이다.

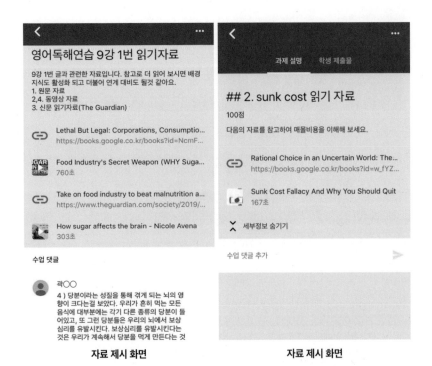

자료 제시 화면   자료 제시 화면

자료를 제시할 때는 자신의 학습 스타일에 맞는 자료를 선택적으로 학습한 후 학습한 자료에 대한 느낀 점 또는 친구들과 나누고 싶은 생각을 댓글로 남기게 한다. 친구의 댓글을 읽고 답글을 남길 수도 있고 교사가 피드백할 수도 있다. 댓글을 남기기 위해서라도 학생들은 주어진 자료를 학습할 수밖에 없다.

자료의 형태는 다르지만 내용은 서로 연관성이 있는 자료를 찾아서 제공해주는 것이 중요하다. 링크를 활용하는 경우 아이들은 그것을 발판삼아 관련된 자료를 스스로 더 탐색해보고 학습하게 된다.

food industry's secret weapon 이라는 자료를 보며 이 영상의 제목에서 나타내는 것처럼 음식산업의 비밀무기는 무엇일까?에 대해 집중하여 영상을 보았다. 처음부터 끝까지 이 영상에는 설탕이 언급되고있다. 처음부분에는 코카인과 설탕의 중독성 실험으로 쥐를 이용하여 쥐가 코카인물보다 설탕물을 선호하였다고 하며 설탕의 중독성을 나타냈다. 이 실험을 보며 코카인 같은 마약류는 아주 작은양만 섭취하더라도 중독이 되잖나 라는 생각이 들어 직접 코카인의 중독량(0.1g)에 대해 찾아보았고 0.1g이라도 섭취한다면 중독이 되는 코카인보다 쥐들이 설탕물을 선호했다는 점을 보며 설탕이 엄청난 중독성을 가짐을 알게되었다. 또 영상이 이어지며 설탕이 도파민을 분비시켜 이전의 효과에 대해 무뎌지는 효과를 일으킨다는 점을 보며 설탕에 중독이 되는 원리를 알게 되었다. 또 영상이 이어지며 사람들의 인터뷰가 나오는데 어떤사람은 맥도날드 햄버거에 대해 어떤 사람은 설탕중독에 대한 말을 남기는데 설탕중독인 사람에 주목하여 보면 설탕중독은 담배중독과는 다른 형태이며 잠도 잘 못자고, 힘들고 피곤함을 나타내며 설탕중독이 건강에 미치는 영향에 대해 언급을 하며 설탕이 정말 몸에 해로운 것이구나 라는 생각을 하게 되었다. 또 제목에 맞게 그 후에 bliss point라는 지복점 이라는 용어로 제품에 따른설탕의 충족점? 혹은 설탕의 적합량을 그래프로 보여주며 설탕을 지복점까지 사용하는 것이 food industry의 비밀무기일 것이라고 생각하게 되었다. 평소 유튜브로 외국의 프로그램인 전당포 사나이들이라는 영상을 자주 보는데 이런류의 영상에서는 느낄 수 없었던 용어적 한계 등을 느끼게 되었으며 영어는 말하고자 하는 주제에 따라 보는 시각을 다르게 할 필요성이 있다고 생각하게 되었다.

미약하지만 대한민국의 고등학생으로서 가지고 있는 기본적인 영어 실력을 바탕으로 자막의 도움을 받아 자료의 내용을 이해해 보려고 노력했습니다. 자료의 핵심 내용을 간추려 보자면 당은 뇌에 보상의 효과를 주지만 당의 너무 많은 섭취, 너무 잦은 섭취는 오히려 뇌에 중독 효과를 일으켜 부정적인 영향을 미친다는 것 입니다. 상당히 전문적인 내용이 포함되어 있고, 영어로 서술된 이 내용을 이해해야 한다는 것이 처음에는 많이 부담스럽고 막막했지만 눈 딱감고 시작하니 어느새 3~4시간동안 컴퓨터 앞에 앉아 자료 분석에 몰두하고 있는 나 자신을 발견할 수 있었습니다. 영상 자료에서 유독 많이 반복되는 단어인 당과 도파민은 위의 자료만으로는 완벽한 이해가 힘들어 개인적으로 연구자료를 더 찾아보았습니다. 먼저 당은 <정치적인 주의나 주장이 같은 사람들이 정권을 잡고 정치적 이상을 실현하기 위하여 조직한 단체>라는 뜻 말고 <물에 잘 녹으며 단맛이 있는 탄수화물>이라는 의미를 가지고 있습니다. 도파민은 <신경전달물질하나로 노르에피네프린과 에피네프린 합성체의 전구물질>이라는 정의를 가지고 있습니다. 언뜻보면 정의만으로도 어려운 단어지만 2학년 때 배운 생명과학의 내용을 떠올리며 이해할 수 있었습니다. 조사한 내용을 바탕으로 당 섭취가 도파민을 생성하고 생성된 도파민이 뇌를 자극하며 지나친 당 섭취로 인한 과도한 자극이 중독을 일으킨다는 결론에 다를 수 있었습니다. 마지막으로 당 섭취와 건강의 관계를 연구한 논문을 소개하며 마무리 하겠습니다.http://www.riss.kr/link?id=A35493343
3월 12일

5) 같은 과제 다른 반에 똑같이 제시할 때는 여기! 게시물 재사용(Reuse Post)

PC 수업(Classwork) ⋯ 만들기(Create) ⋯ 게시물 재사용(Reuse Post) ⋯ 학급 선택 ⋯
재사용 과제 선택 ⋯ 재사용(Reuse) ⋯ 과제 설정 ⋯ 과제만들기(Assign)

스마트기기 수업 / + / 게시물 재사용 / 수업선택 / 게시물 선택 / 과제 설정 /

동일한 학년 여러 반의 수업을 맡는 경우 각 반마다 구글클래스룸을 운영한다. 동시에 모든 반에 과제를 한 번에 게시하기 곤란할 때가 있다. 반마다 수업 진도가 다르기 때문이다. 이럴 때 유용하게 사용할 수 있는 것이 바로 여기 게시물 재사용(Reuse Post)이다. 반마다 과제를 새로 작성해야하는 수고를 덜 수 있다.

수업 선택   재사용 게시물 선택   자료 설정 및 학생 선택

6) 자료들을 주제별로 분류해서 정리할 때는 여기! 주제(Topic)

> **PC** 수업(Classwork) ···▶ 만들기(Create) ···▶ 주제(Topic) ···▶ 주제 추가

자료를 주제 구분 없이 게시할 수 있다. 그러나 그렇게 되면 나중에 과제를 제출하기 위해 일일이 찾기도 번거로울 것이다. 따라서 수업에 사용할 게시물의 성격을 주제별로 분류해서 사용하면 게시물이 훨씬 정돈되어 보인다. 물론 학생들이 과제를 제출하거나 게시물을 참고하기에도 편리하고 시간 지난 후에 제출했던 과제들을 다시 보기에도 도움이 된다.

주제분류는 PC에서 가능하다. 스트림(Stream)에서는 모든 과제가 일렬로 나열되지만 수업(Classwork) 탭을 클릭하면 게시물들이 주제별로 구분되어 보인다. 좌측의 주제를 클릭하면 바로 해당 주제별 과제들이 화면에 보인다.

주제 화면   보충 읽기자료 주제

3. 개설된 반에 속해 있는 학생들 확인은 여기! 인물(People)

수업에 참여하고 있는 학생들의 명단은 여기 ⓐ인물(People)에서 확인할 수 있다. 이곳에서 학생들을 더 초대할 수도 있고, 교사를 초대할 수도 있다. 학생 이름 우측의 ⓑ「…」을 클릭해서 개인에게 메일을 보낼 수도 있고 해당 학생을 수업에서 삭제할 수도 있다.

스마트기기에서만 활용이 가능한 꿀팁을 소개한다. 수업시간 발표자를 정하기 위해 주사위를 돌리거나, 번호표를 뽑을 필요가 없다. 수업시간에 발표순서를 정할 때 인물화면의 우측 상단의 「品」를 클릭하면 '학생 선택기' 화면으로 이동한다. 시작을 누르면 아래와 같이 학생들의 이름이 랜덤으로 보인다.

인물 화면   학생 랜덤 지명

4. 과제별 일괄 점수 확인도 점수 부여도 가능한, 성적(Grade)

 최근에 업데이트되어 매우 유용한 점수(Grade)는 학생들의 점수를 한눈에 확인할 수 있다. 과제별로 확인할 수도 있지만 이곳에서는 전체 학생들의 전체 과제별 점수를 한눈에 볼 수도 있고 점수를 한꺼번에 부여할 수도 있다. 이 기능은 pc에서만 사용이 가능하다.

?. 3학년 4반 영어독해				Stream	Classwork	People	Grades
	Jun 24 12강 1번 학습지	Jun 19 11강 9번	Jun 19 11강 11번 어휘추론	Jun 17 11강 11번	Jun 12 11강 8번 대화문 ...	No due date 11강 10번 요	
1 by last name ▼	out of 100	out of 100	out of 100	out of 100	out of 100	out of 100	
ss average	100	100		100	100	100	
조서	90 Draft	100	50 Draft	Missing	Missing	100	
화선	100	100 Done late	50 Draft	100	Missing	100	
?지	100	100	100 Draft	100	100	100	
3진	90 Draft	100	100 Draft	Missing	100 Done late		
?원	100	100	80 Draft	Missing	Missing		

 우측 상단의 설정단추 「⚙」를 선택하면 점수 부여 관련된 내용의 설정을 변경할 수 있다.

Grades				⚙ ⠿ Ⓙ
	No due date 11강 10번 요	No due date 2020학년 도 고3 6...	Jun 5 2020학년 도 고3 6...	Jun 2 영어독해 연습 미...	May 2 11강 요약
	out of 100	out of 100	out of 100	out of 100	out of
	100				100
	100	___/100	Missing	___/100	Missi
	100	___/100	Missing	___/100 Done late	100

5. 제출된 모든 과제를 일괄적으로 확인할 때는 여기! 모두보기(View All)

게시했던 모든 과제들을 한 번에 볼 수 있다. 학생별로 과제 제출 여부를 확인할 수 있고 점수를 클릭하면 바로 해당 과제의 관련 화면으로 페이지가 이동된다.

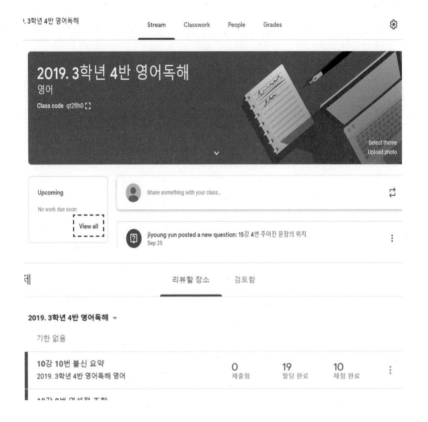

수업에 사용할 구글 앱 알고가기

수업을 개설, 학생 초대를 완료하고 메인화면 이해까지 했으면 다음 단계는 구글클래스룸이라는 캔버스에 그림을 그려낼 도구들을 준비해야 한다. 그림을 그리기 위해서는 가장 기본적인 도구 사용부터 익숙해질 필요가 있다. 기본에 충실하면 그다음 단계는 기본을 바탕으로 응용이 얼마든지 가능해지기 때문이다.

구글클래스룸의 가장 기본적인 앱부터 알아보자. 앱을 수업에 활용하는 방법은 파트Ⅱ에서 수업 적용 사례와 함께 자세히 설명하기로 하고 여기서는 앱을 활용한 수업 자료를 만드는 데 필요한 기능만 알고 가는 것으로 하겠다.

여기에 소개되는 기본 앱은 구글문서, 구글 슬라이드, 구글 폼과 구글 시트이다. 앱을 여는 방법은 다음과 같다.

구글 계정 로그인 / 우측 상단의 아이콘 ⓐ 클릭 / ⓑ 드라이브 / 새로 만들기 / Google 스프레드 시트 / Google 프레젠테이션 / Google 설문지 선택

1. 개별 혹은 모둠과제 협업 활동의 최고봉, 구글문서(Google Doc) 📄

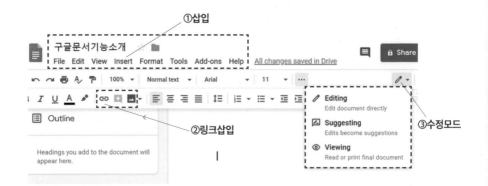

① 삽입(Insert)

> **사진이나 그림 삽입 방법**
>
> 삽입(insert) ···▶ 이미지(image) ···▶ 웹 검색(Search the web) ···▶ 이미지 검색

맘에 드는 사진 더블 클릭 또는 문서로 드래그 하면 바로 사진이 문서에 삽입된다. 아래 ⓑ는 그림 삽입을 위한 바로가기 이미지이다. 클릭 후 웹검색 ···▶ 이미지 검색을 하면 된다.

② 링크 연결

구글문서에 작성한 문자에 링크를 삽입해주면 학생들은 문서를 열고 문자만 클릭해서 관련된 링크 자료를 볼 수 있다.

문자에 링크 삽입 방법
링크 아이콘 ⓑ 클릭 ⋯▸ 텍스트 입력 ⋯▸ 복사해둔 링크 삽입 ⋯▸ 적용(Apply)

윤지영

Text
윤지영

Link
Rjq5qja8ND_axu4bNEr-q6tUFK_lQRxFr8agXvAg   Apply

윤지영

📄 귀국보고회(0327) 퍼듀대 ... 📋 🖉 👁

👤 You are the owner

🕐 No changes since you last viewed this file

③ 코멘트 입력

코멘트 입력 방법 수정모드 ③클릭 ⋯▸ 수정 or 제안 모드 선택 ⋯▸ 수정내용 입력

구글문서는 동일한 문서를 서로 다른 컴퓨터에서 동시 작업이 가능하다는 점이 한글 문서와의 가장 큰 차이다. 문서를 공유하고 공동 작업을 하다가 의견제시를 하거나, 학생들의 제출 과제에 보충해야 할 점과 잘한 점에 대해서 코멘트를 달아줄 수 있다.

인식해야 하는가?' 라는 자문자답을 통해 점차 기존과는 다른 관점에서 교육을 바라보게 되었습니다. 저는 정약용의 자주지권 개념을 접하며 학생들은 책임감과 자율성을 지닌 존재라는 생각이 들었습니다. 이에 자율성이 충분히 반영된 교육제도의 필요성을 느끼며, 활성화할 방안들을 고민해 보기 시작했습니다. 그러던 중 '핀란드의 교육혁명'이라는 책을 읽고 핀란드 교육이 해답이라고 생각했습니다. 핀란드는 어느 정도 교육체계를 갖춘 상태에서 교육을 교사에게 맡겨 교사들의 자율성을 보장하기 위해 노력하고 있었습니다. 교사의 자율성 확대는 수업개선 활동을 증가시켜 교사의 수업 참여도를 높일 뿐만 아니라 학생의 수업참여도 및 자율성을 높인다는 논문을 읽고 핀란드의 교육방식을 한국교육에 주제발표 활동을 하면서 저는 '한국 교육과 스웨덴&핀란드 교육의 비교'를 주제로 발표를 하였습니다. 이를 통해 학생들의 자율성을 증진시키고 창의성을 일깨우기 위해서는 학생 활동 중심 수업이 더욱 확대되어야 하며 그 속에서 학습의 과정이 누적되고, 그 결과가 평가에 반영되어야 한다는 생각이 들었습니다. 그렇게 되면 그 안에서 학생들은 결과에 대한 부담보다는 배움이 일어나는 과정의 즐거움을 깨닫는 계기가 될 것입니다.

이런 활동들을 통해 저는 학생들의 자율성을 바탕으로 한 교육이 진정한 교육의 본질임을 느끼게 되었고, 자율성과 창의성을 키워주고 세상을 바라보는 밝은 눈을 가질 수 있게 해주는 교육자가 되고 싶었습니다.

(1107자)

결론이 자율성과 창의성을 일깨우기 위해 학생 활동중심의 수업이 확대되고 그 활동의 과정이 고스란히 평가에 반영이 되어야 한다는 거잖아. 그런데 이러한 것을 느꼈던 사례가 있으면 그걸 이야기 해도 좋을듯. 예를 들면, 강의식 수업이 사실은 편하다는 생각에 매 시간 모둠활동을 하는 것이 부담이 컸다. 그런데 한 학기 수업을 마치고 매 시간 수업 활동을

jiyoung yun
9:30 PM Sep 6   Resolve

어떤 논문이었을까?
논문에서 정확하게 언급된 내용을 그대로 정리한거야?
Show more

jiyoung yun
9:35 PM Sep 6

교육과 관련된 자문에 대한 답을 찾기 위해 관련 자료를 추가적으로 조사했던 내용을 바탕으로 3학년 사회문화시간에 '한
Show more

jiyoung yun
9:36 PM Sep 6   ×

Delete paragraph

Add: '결론이 자율성과 창의성을 일깨우

2. 심플하면서도 섬세한 구글 슬라이드 for 프레젠테이션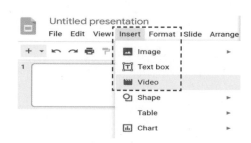

구글 슬라이드의 기능은
구글문서와 비슷하다. 한 가
지 차이는 동영상 삽입이 가
능하다는 것이다. 동영상을
삽입하기 위해서 별도로 동
영상 파일을 저장하거나 재생 아이콘을 만들 필요가 없다.

> **동영상 삽입 방법** 삽입(Insert) ⋯ Video ⋯ 동영상 검색 ⋯ 선택 동영상 더블 클릭

구글문서와 슬라이드에서는 타이핑을 하지 않고 음성으로 입력이 가능
하다.

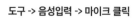

도구 -> 음성입력 -> 마이크 클릭

도구 -> 발표자노트 음성 입력 -> 마이크 클릭

3. 평가와 통계의 신, 구글 설문지(Google Form)

구글 폼은 기존의 설문조사나 종이평가를 온라인으로 실시하고, 실시간으로 결과와 통계까지 제공해 주어 수업뿐만 아니라 일상 업무에서도 매우 유용한 앱이다. 여기에서는 문항을 작성하는 방법과 선택지를 구성할 때 선택하는 옵션, 그리고 완성된 구글 폼을 공유하거나 URL을 보내는 방법을 안내하겠다.

① 질문 추가

우측의 +아이콘을 클릭하면 바로 문항이 추가가 된다. 그 아래의 사진이나 동영상 아이콘을 활용하면 구글 폼에 필요한 자료를 추가할 수 있다.

② 선택지 구성하기

- 객관식 질문(Multiple choice): 한 가지 선택지만 선택이 가능하다.
- 체크박스(Check boxes): 두 가지 이상의 선택지에 체크가 가능하다.

- 직선단계(Linear): 급간을 설정하고 양 극단의 값과 내용을 입력한다. 설문조사 시 '매우 좋다'부터 '매우 좋지 않다' 사이의 5급간 선택지를 구성할 때 매우 유용하다.

Tip

1. 동일한 유형의 질문을 작성할 때는 ⓐ를 클릭하면 질문내용 복사가 가능하다.

2. 구글설문지로 평가문항을 작성하는 경우에는 정답 입력이 필요하다.

ⓒ의 설정 ··· 퀴즈 ··· 퀴즈로 만들기 체크 ··· 저장 ··· ⓑ의 답안 체크 후 정답과 배점 입력 ··· 완료

---

③ 설정 변경하기

응답자에 대한 설정 변경은 '일반(General)' 탭에서 할 수 있고 구글 폼을 퀴즈로 만들고 싶을 때는 '퀴즈(Quizzes)'에서 '퀴즈로 만들기(Make this a quiz)'를 활성화하면 된다. 구글 폼으로 문항을 작성할 때, 이곳을 활성화하고 정답을 입력해 두면, 학생들이 제출한 내용을 실시간으로 평가하고 확인할 수 있다.

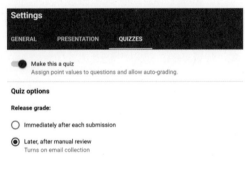

④ 설문 보내기(Send)

설문조사나 평가 대상자가 응답을 하도록 링크를 보내주거나 링크를 QR코드로 제작하고 출력해서 배부하거나 게시할 수 있다. 어떤 식이든 우

선 필요한 것은 구글 폼의 URL이다. URL이 배부된 후에 구글 폼 내용을 수정을 하더라도 새롭게 URL을 안

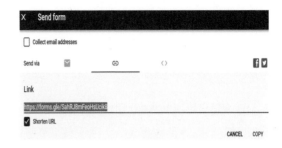

내할 필요는 없다. 수정된 내용도 바로 URL에 반영된다. URL or QR코드 배부 후에도 내용 수정을 두려워 할 필요가 없다는 것이 구글 폼의 매력 포인트다(QR코드 만드는 방법은 144쪽을 참조).

⑤ 더보기 "문서 작업 공유하기"

구글 폼 문서의 결과를 함께 공유할 상황이 생길 수 있다. 설문조사 과정

> **문서작업 공유 방법** ⓐ공동작업자 추가(Add Collaborators) ⓑ초대할 사용자(Invite People) 입력 ⓒ수정 가능 권한 제공

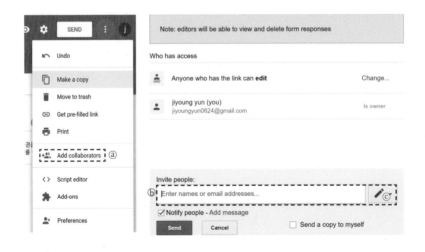

과 결과를 관련 선생님들과 함께 공유해야 하는 경우이다. 단순히 URL만 공유하면 설문내용은 보이지만 문항수정 또는 응답 분석 결과는 볼 수 없다.

Tip 사본 만들기(make a Copy) 기능활용

- ⑤ 클릭 ⋯→ 사본 만들기(Make a coy) ⋯→ 파일 이름 수정 ⋯→ 확인

- 동일한 문항을 여러 학급에서 평가해야 할 상황이 생긴다. 학급마다 결과를 확인하고 싶을 때는 구글 폼을 복사해서 파일명만 바꾸면 된다.

- 동일한 설문조사를 몇 차에 걸쳐서 실시하게 되면 그때마다 새롭게 구글 폼을 작성할 필요는 없다. 그 전에 실시한 구글 폼을 복사해서 파일명을 바꾸어 주면 된다.

4. 구글 폼이 자동으로 만들어주는 결과 활용을 위한
구글 시트(Google Sheet) ⊞

구글 시트는 엑셀과 동일한 구글 앱으로 생각하면 된다. 일반적인 경우는 익숙한 엑셀을 사용하는 것이 편하다. 다만, 구글 폼을 통한 평가나 설문조사 결과를 다운 받게 되면 다운 받은 자료가 구글 시트에 저장된다. 또한, 구글클래스룸에서 평가한 결과도 구글 시트로 저장된다. 다운 받은 자료가 구글 시트로 저장되더라도 당황할 필요는 없다. 낯선 화면이 불편하다면 그대로 엑셀로 복사해 가서 작업을 이어가면 된다. 그 외의 경우에도 구글 시트로 작업을 하면 좋은 점은 장소를 이용하여 PC 작업을 하더라도 별도로 파일을 저장할 필요 없이 인터넷만 연결되어 있는 곳이라면 그냥 가서 작업을 이어가면 된다는 것이다.

실제 이렇게 이용해 보았다. 교무실에서 데스크탑 컴퓨터로 수시 지원 현황표 작업을 하다가 교실에 자습 감독을 하러 갔다. 이전에는 교실의 데스크탑 컴퓨터로 하던 작업을 이어가려면 이동식 저장장치에 저장을 하거나 메일로 미리 보내두어야 했다. 그런데 구글 시트로 작업을 하던 나는 그냥 일어나 교실로 향했다. 교실 컴퓨터에서 구글 계정으로 로그인 후 구글 드라이브에서 작업하던 구글 시트의 수시지원 현황표를 열었다. 열어보니 교무실에서 작업하다 멈춘 바로 그 상태 그대로였다. 열심히 표를 작성다가 퇴근 시간이 되어 일을 멈추고 집으로 돌아왔다. 학교에서 마무리하지 못한 일을 PC를 열고 구글 드라이브에서 파일을 찾아 하던 일을 마무리했다. 실시간 구글 드라이브에 저장된 구글 시트 파일은 한 번도 별도로 저장을 하거나 메일로 보내지 않아도 언제 어디서든 열어서 하던 일을 이어갈 수 있다. 단, 중요한 일을 본인 PC가 아닌 곳에서 작업을 한 경우 반드시 로그아웃해야 한다.

여기서는 평소 자주 쓰는 기능 몇 가지만 소개하겠다.

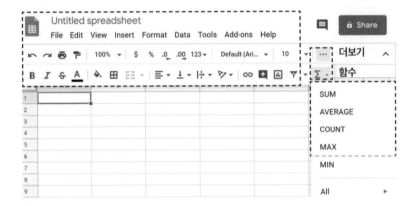

① **기본 기능** 기본 기능은 엑셀과 다름이 없다.

② **'…' 기능** 기본 화면에서는 모든 기능의 아이콘이 함께 한 화면에 보인다. 그런데 화면을 확대하면 이 아이콘이 보이고, 이 곳을 클릭하면 기본 도구에 보이지 않는 추가적인 기능들이 화면에 보인다.

③ **'Σ' 기능** 함수가 모아져 있는 아이콘이다. 다운받은 자료의 셀 합계 또는 평균을 산출할 때 쓰는 함수가 여기에 있다. 별도의 함수식을 쓰지 않아도 필요한 함수를 클릭만 하면 원하는 결과값을 얻을 수 있다.

II

구글클래스룸과
교수평가 일체화

구글클래스룸에서 실시한 20가지 학생중심 수업, 평가 그리고 기록

에드테크로 교수평가 일체화

과정중심평가는 교실 수업의 장에서 평가가 실시될 수 있도록 하는 것이 핵심이다. 수업시간에 해결하지 못하고 별도의 시간과 노력이 요구되는 과제형 수행평가는 학생들의 부담을 키우고 학생 각자의 상황에 따라 외부의 도움을 받을 수 있느냐 없느냐에 따라 평가의 공정성이 흔들릴 수 있다. 학습자의 학습 부담감을 덜어주면서도 배움과 성장을 지원해 주기 위해서 수업시간에 평가가 이루어져야 한다.

수업활동의 과정이 곧 평가이므로 학생들은 수업활동에 적극적으로 참여하는 것이 중요한 평가기준임을 알아야 한다. 따라서 선생님들은 학생이 수업에 참여할 수 있도록 하는 활동중심 교수학습 과정을 고안해 내기 위해 고민하게 된다. 프로젝트 수업, 토의 토론 수업 등 다양한 활동중심 수업으로 과정중심 평가를 해낼 수도 있겠지만 여기서는 거창한 프로젝트 수업이나 토론 중심 수업을 위해 준비해야 하는 과정이 부담스러운 분들을 위해 제안하려고 한다. 큰 부담 없이도 교사와 학생에게 소소한 행복을 주는 소박한 활동중심 수업을 통한 과정중심 평가가 그것이다. 너무 별것이 아니어서 실망할 수도 있다. 그러나 지난해에 이어 올해도 나는 이 소소한 과정중심 평가로 확실히 학생들과 행복한 수업을 하고 있다. 어떻게 확신할 수 있을까? 여러 가지로 바쁜 여건이지만 수업에 대해 고민하고 학습과정을 구안하는 시간이 내게 가장 행복하게 여겨지며, 그 시간을 통해 오히려 에너지를 얻는 기분이 든다. 또한 아이들을 만나는 수업시간이 내게 가장 행복한 시간이고 기다려지는 시간이며, 아이들에게서 최고의 수업으로 만족도 높은 평가를 받고 있다면, 그렇게 확신해도 되지 않을까?

여기 소개한 평가들은 베이직 오브 베이직이다. 그러나 이 틀을 바탕으로 교수평기 일체화를 감 잡는다면 그때부터는 이제 마음껏 수업시간에 학생들과 행복해질 가능성이 높아진 것이다.

지난해 구글클래스룸을 시작했고 올해의 목표는 교수평기 일체화였다. 교육과정 부장을 꽤 오랫동안 해오면서 교수평기 일체화를 위한 연수도 많이 들었고 그 필요성 또한 모르는 바가 아니었다. 그러나 막상 적용하려고 하면 무엇부터 시작해야 할지 혼란스러웠고 그러다 늘 해오던 방식으로 3월이 되면 평가계획과 진도 계획표를 제출하고는 했다. 그런 해는 항상 수행평가는 계획과 거리가 멀어지고 타당성보다는 공정성 높은 평가를 통해 반영하는 게 최선이 되고는 한다. 거기서 끝이 아니다. 학기말 교과세특(교과 세부능력 및 특기사항)을 기록해야 하는 순간에는 지나온 수업을 돌아보지만 결국 수업과 평가했던 것과는 차이가 있는 아주 일반적인 사항들로 기록을 하게 되고 교사로서 나 자신에 대한 실망감은 높아지고 자존감은 사정없이 낮아진다.

그런데, 올해는 달라졌다.

2월부터 수업에 대한 고민을 하면서 어떠한 역량을 길러주고 싶은지 고민했다. 역량을 길러주기 위해 보다 의미 있는 수업활동을 하고 싶었고 고등학교 3학년 수업이라는 다소 어려운 상황이긴 했지만 그래도 삶에 도움이 되는 수업을 제공하고 싶었다.

첫째, 진정성 높은 영어학습자료를 수업시간에 활용하고 싶었다.

수능 연계교재를 풀어주어야 하지만 모든 글이 마치 한 단락으로 되어 있다고 생각할 것 같은 아이들에게 다양한 읽기자료를 제공하여 제대로 된 글을 읽힐 경험을 제공하고 싶었다. 테드(TED)나 유튜브(Youtube)와 같은 동영상 자료에도 학생들이 자연스럽게 노출되었으면 했다. 영어수업이니 더욱 그랬다.

둘째, 학생들이 자신의 생각을 자신 있게 발표하도록 돕고 싶었다.

질문을 하거나, 자신의 의견을 표현하거나, 친구들의 발표 내용을 경청한 후 반박하거나 보완하는 발표를 하게 하는 것이다.

셋째, 개별 또는 모둠활동을 서로 공유하는 시간을 늘리고 싶었다.

아이들은 교사의 말보다 친구들의 말에 더 집중하는 경향이 있다. 또, 친구의 결과물을 보면서 자신의 학습에 도움을 받기도 하고 때로는 자극을 받기도 한다. 도움이든, 자극이든 결국 학습력 향상에 기여하게 된다.

이러한 수업활동의 위시리스트를 작성하니 평가 계획을 수립하기 훨씬 수월했다. 수업활동을 평가에 반영해야 학생들의 참여도를 높일 수 있다. 학생들의 수업 참여 장면을 상상하면서 평가 계획을 수립했다. 먼저 영역을 고민하고 세부 평가 내용을 작성했다. 다양한 보조 학습자료를 학생들에게 제공했는데 학생들이 활용하지 않는다면 무의미한 일이다. 교사가 열심히 찾아낸 질 높은 자료일수록 학생들의 참여도가 높다면 학생들의 정보처리 역량도 높아지고 교과 역량도 향상될 것이다. 그래서 찾은 자료를 선택해서 학습하고 이에 대한 본인의 생각을 구글클래스룸에 개재하도록 할 계획을 세웠다. 이것은 정성평가가 될 것이므로 학기말에 교과세특에 작성될 것이다. 물론 본인이 선택 학습한 내용을 수업시간에 발표하여 친구들과 나눈다면 발표점수에 기록이 될 것이다.

발표점수를 반영하기 위해서 발표영역을 수립했다. 세부 평가 내용으로는 발표횟수에 따라서 점수가 반영될 것이다.

수업시간에 학생들이 발표를 많이 하려면 발표할 기회가 더 있어야 하고 발표를 하려면 발표할 거리가 있어야 한다. 따라서 학습 활동지를 만들고 학습 활동지의 메인은 구글클래스룸 과제로 수업시간에 제공할 계획을 수립했다. 역시 과제 완성 세부 내용과 발표 내용 중 특이사항은 개인별 교과세특으로 기록이 될 것이고, 정량적인 자료는 수행평가의 발표영역에 반영될 것이다.

구글클래스룸을 통해 수업시간 내 활동과제뿐만 아니라 수업 후 학습한 내용을 기록하여 당일 과제 제출하게 한다면 학생들은 복습을 미룰 수 없게 된다. 그러한 과제 제출 참여를 높이기 위해서 구글클래스룸 과제 제출영역을 수립했다. 과제 제출 횟수는 정량화하여 수행평가에 반영하고 작성 내용이나 특이사항은 교과세특에 기록될 것이다.

평가 계획을 수립하고 나니 수업의 방향이 분명해졌다. 그리고 한 학기 동안 평가를 염두하고 이를 반영할 수 있는 수업 활동들을 추진했다. 한 학기를 마무리하고 7월 말 지금 교과세특을 쓰는 중이다. 1반부터 9반 약 220명의 학생들의 교과 세부능력 특기사항을 써야 한다. 등급별로 구분지어 작성할 수 있겠지만 그것은 수업시간에 과정에 최선을 다하라고 강조했던 나의 지도 내용과는 너무 안 맞는 말이다. 되도록 많은 학생들의 과정을 기록해 주려고 하고 있다. 대입만을 위한 생기부라는 인식에 대입에 생기부가 필요 없는 학생들은 별로 신경 쓰지 않는 모습도 보인다.

최근에도 'TV는 사랑을 싣고'라는 프로그램에서 연예인들이 은사님을 찾을 때 모교에 가면 생활기록부부터 열어보고 어떠한 학생이었는지를 보기 위해 선생님이 작성해 주셨던 생활기록부상의 기록을 열어보는 것을 보았다. 요즘에는 생기부에 대한 불신으로 지금의 아이들이 어른이 돼서 혹시나 찾아보게 될 생기부에서 본인의 활동 기록을 신뢰하며 바라보지 않을 확률이 높다. 생기부가 대입만을 위해 작성된다면 더욱 그럴 것이다. 하지만, 오늘도 아이들에게 전했다. 훗날 생기부를 열어보게 되었을 때, 사실이 아닌 내용이 기록이 되어 있거나 본인이 기억하는 것과는 차이가 있는 내용들을 읽게 된다면 무슨 생각을 할까.

그런 순간을 마주하지 않게 되기를 소망하며 생활기록부에 기록하는 내용들은 학생들을 생각하며 사실을 바탕으로 개별화, 특성화한 내용을 기록해 주고 싶다. 아니 그래야 한다. 시작할 때는 어렵게 느껴졌지만 생각보다 쉽다. 두 개 학급 학생들의 교과세특을 기록하고 나니 갑자기 웃음이 난다. 수업활동도 떠올려보고, 수행평가 반영 기록도 살펴보고, 구글클래스룸에 개재하거나 제출했던 과제를 참고하니 자동적으로 개별화, 차별화된 내용의 개인별 교과세특을 작성할 수 있었다. 기록한 내용을 다시 읽어보니 수업했던 내용이다. 예상치 못했던 소소한 기쁨의 순간이 내게 왔다.

'아~ 교수평기 일체화, 이렇게 하면 되는 거였구나!'

학생중심 수업

1. 수업 초반 5분 사로잡는 Bell Ringer

가. Bell Ringer?

나. 수업 전 준비

★과제(Assignment) 제시하기

구글클래스룸 / 수업 / + / 질문 / 제목과 문제 제시 /

옵션 선택 1. 단답형

2. 학생이 답을 수정할 수 있음

3. 학생들이 서로 답글을 달 수 있음, 활성회 여부 선택

다. 수업하기(학생 활동 중심 수업)

 - 매 수업 시작 5분 전에 Bell Ringer 제시

 - 수업 시작후 10분 이내로 제출된 내용 공유하고 피드백하기

 - 수업 종료 후 필요하다면 제출된 내용에 대한 피드백 계속

라. 평가하기(학습 활동 과정 평가 포인트)

 - 댓글 자료를 보고 피드백하기(잘한 점 세특 기록)

 - Bell Ringer 제출 횟수 (누적하여 정량평가하고 수행평가에 반영)

마. More Tips

 - 구글문서 또는 슬라이드 첨부한 과제 제시

가. Bell Ringer?

수업 시작 후 초반 5분은 쉽게 지나가 버린다. 선생님은 수업 분위기를 잡느라 바쁘고 늦게 오는 아이들, 시작종이 울리고서야 책을 찾으러 홈베이스에 가는 아이들이 수업 준비를 하고나면 5분은 금방 지나가 버린다. 때로는, 기껏 수업준비를 하고 앉았는데 오늘 무슨 수업을 하게 될지를 혼동하고 다른 자료를 가지고 있는 바람에 다시 자리를 떠 사물함이며 홈베이스를 가야 하는 학생들도 있다. 교과교실제 수업 운영 학교는 더 심각할 것이다.

Bell Ringer는 수업 시작 직후 항상 실시되는 루틴과 같은 학습 활동이다. 학생들은 이 활동을 위해 수업 직전 후 바빠지겠지만 의미 있는 바쁨이라고 곧 여길 것이다. 오늘 수업 활동이 무엇이 주가 되는지도 알 수 있고, 지난 시간 내용 복습을 하면서 다음 시간 예고를 했던 선생님의 말씀이 떠오를 것이다. 초반 몇 분에 불과할지 모르지만 일주일에 적어도 4시간 많으면 6시간을 수업한다고 생각하고 계산해보면 결코 무시할 수 없는 시간이다. 시간을 효율적으로 쓰는 장점뿐만 아니라 수업을 위한 준비를 하는 습관도 길러줄 수 있을 것이다. 교사가 직접 교실에 가서 준비하지 않아도 구글클래스룸에 언제 어디서나 과제를 제시할 수 있고 학생들은 쉬는 시간이 되면 교사의 안내사항을 기다릴 것이고 수업준비를 한 후에는 저마다 Bell Ringer를 해결하기 위해 저마다 집중하게 된다.

참! 그러면 휴대폰 사용문제에 대해 생각해 볼 필요가 있다. 내가 근무하는 학교는 몇 년 전 교내 휴대폰 사용 금지와 함께 소지만 해도 벌점과

한 달 압수 등의 강경한 교칙이 있었다. 그러나 시대가 변하면서 학생들의 휴대폰 사용을 부정적인 측면만 생각할 수도 없게 되었다. 정말 유용한 학습 도구인 것도 분명하기 때문이다. 그래서 소지는 하되 등교해서 저녁시간까지 휴대폰 보관함에 제출하고 필요시 교사의 허락을 받고 사용하도록 되어 있다. 번호 순서대로 반납하게 되어 있어서 불시에 보관함을 확인하는 경우, 반납하지 않았거나 허락받지 않고 휴대폰을 가져간 경우가 적발되어 벌을 받기도 한다.

미국에서는 어떻게 하고 있을까?

참관했던 수업의 교실 한 쪽에 휴대폰 보관함이 별도로 있다. 우리 것과는 비교되는 외관이다. 자율과 책임을 강조하는 분위기로 느껴졌다. 샌프란시스코의 실리콘 밸리의 가정에서도 집에 돌아오면 휴대폰은 지정된 곳에 놓아두는 규칙을 정하고 정해진 시간에만 사용이 가능하다.

호버트 고등학교 휴대폰 보관함

나의 수업을 위해 학교 규칙을 바꿀 수는 없는 일이다. 그래서 아이들과 학기 초 약속을 단단히 해야 한다.

1. 수업 시작 직전에만 휴대폰을 보관함에서 꺼낼 것.
2. 휴대폰을 들고 교실 밖으로 나갈지 말 것(반드시 교실에서만 사용).

3. 수업이나 학습 관련 앱을 통한 학습 용도로만 사용할 것.

#위의 약속 중 한 가지라도, 학급의 단 한 명이라도 어길 시에는 스마트폰이 필요한 수업은 하지 않을 것임.

스마트폰을 활용한 다양한 수업들이 재미있고 즐거운 일이라는 것을 알기에 스마트폰 활용 수업을 지금까지 모든 반에서 하고 있다는 것은 아이들이 약속을 잘 지켜 주었다는 뜻일 것이다.

나. 수업 전 준비

퀴즈 대신 과제를 점검하거나 제출된 과제 내용을 확인하는 시간을 주는 것도 좋을 것이다. 중요한 것은 수업 시작 직전이나 직후 어수선해지기

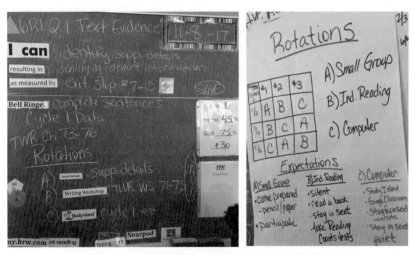

미국 중학교 영어수업 칠판(왼쪽)과 모둠활동의 순서 및 활동내용 안내 포스터

쉬운 시간을 효율적으로 사용하게 된다는 것과 수업 관리가 쉬워진다는 것이다.

앞의 사진은 주 1회 6개월 동안 참관했던 미국의 한 중학교 수업의 판서 내용이다. 칠판의 한 면에는 항상 고정적으로 수업 목표와 수업 단계, 과제 내용 등이 작성되어 있다. 강의식 수업보다는 모둠 수업을 하고 있었고 모둠별로 활동내용이 순환하면서 바뀌기 때문에 항상 칠판에 안내되어 있는 내용들은 학생들이 수업에 혼란 없이 참여할 수 있도록 돕고 있었다.

한 학기 동안 꾸준히 팝업 퀴즈처럼 해 나갈 문장 분석과 해석하기 활동을 위해 매시간 문장을 선정한 후 수업 시작 직전에 구글클래스룸 과제로 제시했다.

기한: 3월 28일

Bell Ringer 1. 다음 문장을 읽고 다음 조건에 맞게 작성하여 댓글로 제출하시오.
- 먼저 문장을 복사하여 자신의 댓글란에 붙여 넣기 한 후 -
가. 본인 수준에 맞게 의미단락별로 끊고(/ 표시)
나. 필요한 부분에 괄호(예. 관계사절, 삽입구 등)를 치고
다. 해석을 작성(직독직해)
라. 내포된 의미 쓰기
100점

The vast majority of that increase is credited to advances in public health, rather than advances in medical care, and legal intervention played a critical role in these advances.

수업 댓글

과제 수업 시작 5분 전 Bell Ringer 제시

★ Bell Ringer 과제 제시 방법

구글클래스룸 ⋯ 수업 ⋯ + ⋯ 질문 ⋯ 제목과 문제 제시

옵션 선택 1. 단답형 2. 학생이 답을 수정할 수 있음 3. 학생들이 서로 답글을 달 수 있음.
   활성화 여부 선택

다. 학생 활동 중심 수업

수업 시작 후 초반 학생들이 제출 또는 남긴 댓글을 보고 의견을 나누거
나 피드백한다.

학생들이 제출한 답변 중 공통적으로 어려움을 겪고 있는 부분을 찾아
함께 공유한다. 구글클래스룸을 활용하면 프로젝션을 켜고 학생들이 제출
한 과제를 열면 모두가 함께 공유할 수 있도록 화면에 바로 자료가 보인
다. 별도로 저장할 필요가 없다는 사실과 또 다른 보조 매체가 필요하지
않다는 사실이 참 편리하다.

수업 종료 후 학생들의 답변을 보고 필요한 경우 댓글을 달아준다면 학생들에게 큰 도움이 될 것이다. 구글클래스룸을 사용하기 전에는 이 과정이 참 번거로웠다. 과제를 확인하려면 노트를 모두 걷어와야 한다는 사실이 말이다. 이러한 짧은 문장을 분석하는 과제를 확인하기 위해서 일일이 노트를 걷어야 한다는 사실이 부담스럽고 또 피드백을 주는 과정은 말하지 않아도 알 것이다. Bell Ringer 활동을 꾸준히 진행하고 피드백을 주다 보면 학생들 개개인에 대한 장단점도 파악이 되고 어려움을 겪는 부분에 대한 구체적인 도움을 줄 수 있다는 것이 가장 큰 장점이라고 생각한다.

학생의 답변

It would be wrong to suppose / that such beliefs are not sincerely held, / yet almost nobody thinks / they can provide a basis for action in public context.

가정하는 것은 잘못이다. / 특정 신념이 진정으로 지켜지지 않지만 /
누구도 생각하지 않는다고 / 그들이 공공의 맥락에서 행동을 위한 기반을 제공했다고 /

무교가 사회의 시작은 아니라고 생각하는 것은 잘못되었다.

비공개 댓글

 jiyoung yun 4월 13일
그들이 가리키는 것은?
Suppose that 절은 held까지. 그리고 yet은 다른 절로 이어지는 내용.
그런데 해석내용으로 보아서는 that절을 끝까지 생각한것 같은데?

내포된 의미는 such beliefs 에 대해 긍정하는지 부정하는지 알아보고 they가 무엇을
가리키는지 체크해야 해결될것 같아.

학생의 답변에 대한 교사의 피드백

라. 학습 활동 과정 평가 포인트

① 학생들의 댓글 답안 보고 댓글 달아주기

② 향상된 내용은 정성평가하여 교과세특에 기록

댓글로 피드백을 주고받다 보면 학생들의 강점이 파악이 되고 꾸준히 노력한 학생의 경우 점차 향상되고 있는 점이 파악이 되기도 한다. 이러한 정성적인 내용은 기록해 두었다가 교과세특에 반영해 주면 매우 유의미한 기록이 될 수 있다.

③ 제출 여부에 따라 수행평가 점수에 반영

Bell Ringer 과제 제출 여부를 성적(Grade)에서 파악할 수 있다. 제출 여부에 따라 부여된 점수를 누적하여 수행평가 반영하면 된다.

구글클래스룸으로 운영하는 수업은 화려함이나 쌈박하게 보여줄 만한 일회성 수업을 보여주고 싶은 목적의 수업과는 거리가 멀다. 물론 운영하고 있지 않은 선생님들은 소소한 것들도 신기해 보일 수 있다. 실제로 그것만으로도 어떻게 하면 되냐고 바로 물어오는 동료 선생님들도 계신다. 작은 변화로 소소하게 학생들과 상호작용하고 한 학기 동안 또는 한 학년 동안 꾸준하게 소통할 수 있는 수업을 생각하는 선생님들에게는 너무도 고마운 구글클래스룸이 아닐까 싶다.

교육과정의 변화와 사회의 변화는 교사의 정의도 바꾸어 놓았다. 교사를 가르치는 사람으로만 국한한다면 교사들 본인도 지루하고 딱딱하다. 교사가 주도하는 강의식 수업을 벗어난다면 학생들의 소리를 더 많이 들어보고 그에 대한 피드백을 주기도 하고 때로는 아이들의 생각을 통해 배우기도 할 것이다. 가르치고 배우는 사람을 교사와 학생으로 국한할 수 없는 이유다. 그래서 이제는 'teacher'가 아니라 '촉진자(facilitator)', '코치(coach)'로서의 역할에 더욱 비중을 두고 수업을 고민해야 할 때인 것 같다.

마. More Tips

댓글을 추가하는 방식의 과제는 개별적 피드백은 가능하지만 학생들의 댓글을 다운 받을 수는 없다.

★ 첨부파일을 포함한 과제 제시 방법

1. 구글 드라이브를 열기 ⋯▶ 새로만들기 ⋯▶ 구글문서 또는 구글슬라이드 등 선택

2. 구글클래스룸 ⋯▶ 수업(Classwork) ⋯▶ + 만들기(Create) ⋯▶ ⓐ과제(Assignment) ⋯▶ ⓑ
   제목, 안내사항 입력 ⋯▶ ⓒ추가(Add) 누르고 첨부 문서 선택 ⋯▶ ⓓ문서 옵션 설정 ⋯▶
   ⓔ점수, 기한 등 설정 ⋯▶ 저장(Save)

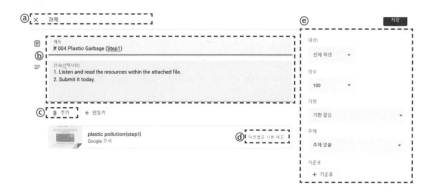

2. 학습자의 학습 선택권을 지켜주는 "자료(Materials)"

가. 수업 전 준비

★자료(Material) 제시하기

　구글클래스룸 / 수업 / + 만들기 / 자료 / 제목, 안내사항 입력 / 추가(Add)

나. 수업하기(학생 활동 중심 수업)

- 동일한 내용을 포함한 서로 다른 형식의 자료를 본인의 학습 스타일에 맞추어
  선택적으로 활용
- 동영상 학습 후 남긴 댓글 활용 수업시간 토론
- 관련된 내용을 문제로 만들어 카훗으로 학습

다. 평가하기(학습 활동 과정 평가 포인트)

- 선택적으로 학습하고 클래스룸에 남긴 내용 평가(세특기록)
- 과제 제출 횟수(누적하여 정량평가하고 수행평가에 반영)
- 카훗을 상황에 따라 개별 퀴즈로 활용하고 점수는 수행평가에 반영

라. More Tips

- 과제 제출 화면(학생 로그인 화면)

가. 수업 전 준비

수업할 내용 분석 후 학생들이 이해하기 어려운 부분의 학습을 돕기 위한 자료로 활용할 자료를 검색한다. 자료는 다양한 형태로 제공하여 학생들이 선택적으로 학습할 수 있도록 한다.

★ 자료(Material) 제시하기

구글클래스룸 / 수업 / + 만들기 / 자료 / 제목, 안내사항 입력 / 추가(Add)

PC 화면   **Tablet 화면**

★ 신문 자료 제시 따라하기

수업 / 만들기 / 자료 / 자료의 웹주소 복사
원하는 자료의 주소 복사 후 / 하단의 가장 오른쪽에 있는 클립 모형 클릭 후 복사한
(링크) 붙이기

붙여 놓기 후 링크 추가(Add Link)를 선택하면 ⓐ처럼 하단에 자료가 링크된다. 추가로 자료를 제공하고 싶을 때는 ⓑ에서 다시 자료 유형에 맞는 아이콘을 선택하면 된다.

ⓑ에서 동영상 추가 버튼을 클릭하면 다음과 같은 화면이 나타난다. 구글을 사용하는 경우 유튜브나 테드 동영상을 검색하고 선택하면 바로 자료로 제시할 수 있다는 것이 매우 큰 장점이다.

원하는 수만큼의 보충학습자료를 여러 가지 형태로 제시할 수 있다. 학생

들은 정보를 찾으면서 버리는 시간을 줄여 교사가 제시한 자료를 가지고 본인이 더 선호하는 스타일의 자료로 학습할 수 있다.

학습 내용과 관련된 양질의 정보를 학생들에게 제공할 수 있으려면 열심히 품을 팔아야 한다. 이왕이면, 그 정보가 다양한 형태로 되어 있어서 학생들이 자신의 학습 스타일에 맞게 취사선택해서 사용할 수 있게 해주면 좋겠다. 학생들은 정해준 자료가 아닌 여러 가지의 자료에서 본인이 선택할 수 있다는 것에 행복을 느낀다.

기본적인 자료를 제공해 주면 학생들은 자신의 관심분야인 경우 더 심화되고 깊은 내용의 자료를 댓글로 공유하여 도움을 주기도 한다. 시키지 않아도 알아서 더 찾아보고 공부하는 열정을 보인다. 아이들의 그런 모습은 가끔 교사인 내가 보아도 참 멋지다. 가르치면서 배울 수 있는 교직이 참 좋다.

보다 진정성 있는 학습을 위해 주어진 교과서가 아니라 관련 자료를 다양한 형태로 제시하여 진정성 있는 학습이 이루어질 수 있도록 돕기 위해 자료를 찾으면서 많은 시간을 보낸다. 그리고 우연히 마주한 좋은 뉴스나 다큐멘터리 또는 사진 등을 그냥 넘어가지 않고 다음에 학습자료로 사용하기 위해 메모하는 습관이 생겼다. 품을 판 만큼 교실에서는 의미 있는 학습 활동이 이루어지고 교사는 학생들과 보다 깊은 상호작용을 할 수 있다.

나. 학생 활동 중심 수업

학생들이 과제를 댓글로 작성해서 제출한 경우 제출된 자료를 수업시간에 발표한다.

읽어 온 자료를 바탕으로 퀴즈를 만들어 카훗이나 구글 폼으로 읽기 활동을 한다. 2018년이었다. 처음 과제를 내주고 수업시간에 만났는데 학생들이 많이 해 오지 않았다. 해 오지 않은 아이들은 참여할 수 없기 때문에 '다음 시간에는 꼭 해 오세요!'하고 오늘 할 수업을 다음 시간으로 미룰까, 하고 고민했다. 보통은 그랬다. 과제를 해 오지 않은 아이들이 많으면 계획했던 수업활동은 미뤄진다. 그런데, 과제를 해 온 아이들은 잘 한 것이고 옳은 것인데 단지 소수라는 이유만으로 또 수업이 미뤄진다면 그것은 잘 해 온 아이들 중심의 수업이 아니라 해 오지 않은 아이들 위주의 수업이 되는 것 같았다. 그래서 그날은 열심히 과제를 해 왔을 아이들을 위해 퀴즈 수업을 진행했다. 카훗을 이용했다. 과제를 해 오지 않고 지켜만 보던 아이

들도 흥미롭게 수업을 참관했다. 그리고 놀랍게도 그다음 시간에 아이들 대부분이 과제를 성실하게 해 왔다. 꽤 재미있어 보였던 모양이다.

다. 학습 활동 과정 평가 포인트

학생들이 작성한 내용은 정성평가하여 교과세특에 기록한다. 같은 내용을 읽고도 서로 다른 느낌을 받고, 여러 자료 중에서도 본인이 더 관심 있는 자료를 선택하여 학습하고 그 내용에 대한 자신의 의견을 댓글로 남기기도 한다. 본인이 더 알고 싶은 내용을 찾아보고 거기서 알게 된 내용이나 유용한 정보 등을 친구들에게 나누기도 한다. 이 모든 내용을 종합하여 교과세특에 기록해 준다면 천편일률적인 내용이 아닌 학생별로 개별화되고 차별화된 내용을 기록해 줄 수 있을 것이다.

1에서 내가 생각하는 핵심 단어는 profitability이다. 우리가 그렇게 건강에 해로운 것을 인지하면서도 그러한 정크 푸드를 양산해내는 본질적이자 궁극적인 이유라고 할 수 있다. 그렇기에 3에서 말하는 것처럼, 식품업계에 로비스트들이 모이는 것이고, 우리가 상상도 할 수 없는 돈들이 오가는 것이다. 뭐 이미 당연해진 말들이기 때문에 늘어놔서 뭐하겠냐만은. 여하튼 1과 강조하는 것, 그리고 내가 직접 보지는 않았지만 댓글들의 반응들로 보아 4에서 말할 내용으로 짐작되는 것을 통틀어 보면, 정크 푸드는 기호 식품의 레벨에 올라서있다. 이미 생존을 위해서 먹는 것이 아니다. 그리고 그건 근 10년간 꾸준히 햄버거의 목장 파괴와 같은 내용 등으로 경각심을 주기 위해 파헤쳐져왔다. 하지만 결국 우리는 아무것도 하지 않았다. 당연히 어딘가에서 환경 운동가들이나 인권 운동가들은 발벗고 나서고 있을 것이다. 그러나 대다수의 사람들은 이런 글이나 뉴스 기사들을 보고도, 다음날이면 편의점으로 가서 신나게 단 것과 정크푸드를 만끽할 것이라는 얘기다.

문제는 늘 구체성이다. 항상 저렇게 경고하고 압력을 넣는 단체들은 힘이 없다. 그래서 항상 '권고'할뿐 아무것도 직접 실행하지는 못한다. 당장 담배에 관해서도 판매에 제약을 걸러든지 하는 시위와 운동들이 일어났을 때에도 담배는 결국 사라지지 않았다. 오히려 판매량에 규제를 가한다는 명목으로 세금을 왕창 붙여서 서민들의 돈을 더 확실하게 기득권층으로 옮기는 도구가 되어버렸다.

그렇지만 내가 하고 싶은 이야기는 우리는 아무것도 바꿀 수 없다는 허무주의적 말장난이 아니다. 담배는 본질적으로 철폐되지는 않았지만 경고 문구와 혐오 사진이 같이 판매되는 결과를 만드는 데에는 성공했다. 물론 우리가 할 수 있는 것이 거의 전무하다는 것은 정론일 것이다. 하지만, 우리 개인이 이 문제를 다루는 것이 아니라, 단체를 더 크게 만들어서 이것을 논한다면 일은 모른다. 한 이념이 큰 단체로 퍼져나갈때 영향력을 무시할 수 없는 것처럼, 우리는 이 문제만 따로 때어놓고 보면서 생각할 것이 아니라, 다른, 기타 환경 문제와 자원 문제 등, 쉽게 말해서 국제적으로 협력의 필요성이 더 높은 항목들에 대해 총관리할 수 있는 비정부단체를 만들어가서 해야 한다. 비정부단체는 규모가 엄청나지 않는 이상, 결국에 '비'정부단체 때문에, 큰 정부 단체에는 영향력이 밀릴 수밖에 없다. 그리고 규모를 키우더라도 방심해서는 안된다. 어떤 단체든 규모가 커지고 나서 타락하기 시작하는 것처럼, 그 단체에는 시민단체를 감시하는 한다. 그리고 이 단체는 어느정도의 강제성을 지니고 있어야 한다. 예를 들, 음, 그래. 정크 푸드의 구매 영향력에 따라 의무로 세금을 납부한다든지, 하여 그 운영비가 충당되고, 그러면서도 총지도자는 해당 업계와 일체 상관없는 인물이 맡는다든지 하는. 결국 내가 하고 싶은 말은, 이것은 우리 개인의 의식적인 차원에서 무언가 실천해서는, 우리의 건강 이외에는 어떤 것도 더 좋은 상황으로 만들 수 없을 거라는 얘기다. 물론, 이 모든 것은 희망론이고, 실현성은 극히 낮다는 것이 매우 비극적인 현실이다.

학생의 답글

에슬아시 춋아시 빌딘 싸세가 빌엥아시 넙노녹 싱얼아시 비디 싸세을 애슬아는 닌변임을 싱머. 환경 평화 활동과 관련하여 노벨 평화상 후보로 선정된 일화에 관한 의견을 제시하는 활동에서 국제적인 여론을 이용하기 위해 상을 수여하는 것이 무조건 바람직한 일은 아니라며 정치계의 환경에 대한 과도한 개입에 대한 우려를 나타내고 비판적인 사고력을 확장함. 정크 푸드와 달콤한 음식의 위험성과 중독성이 모두 수익성에 관련되어 있음을 짚어내며 자국의 경제적 안정을 위해 힘쓰는 정부의 간섭으로부터 자유로운 비정부단체의 규모를 키워야 한다는 의견을 개재함. 이 활동에서 우리의 본능과 관련된 사항도 사회적으로 압력이 가해질 수 있다는 자신의 의견을 형성하였으며 의식적인 차원에서 의미있는 단체활동의 차원으로

교과세특 기록 사례

라. More Tips

교사와 학생의 구글클래스룸 과제 화면은 다르다. 교사화면에서는 제출하기 또는 완료로 표시가 보이지 않는다. 학생들에게 과제 제출하는 방법을 안내해 주면 좋다.

★학생들이 첨부파일을 과제로 제출하는 방법

1. 구글글래스룸의 과제 열기

2. 과제의 첨부파일을 열기 ⓐ(자동으로 본인 구글 드라이브에 저장됨)

3. 첨부파일에 과제 작성

4. 구글클래스룸에서 해당 과제 하단의 내과제에서 ⓑ'완료로 표시' 클릭

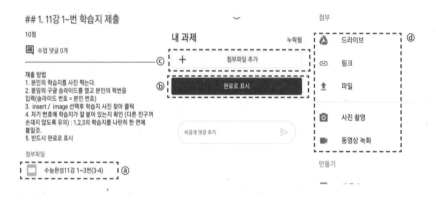

★별도의 추가자료 제출 방법

과제 하단의 내과제 --> + 첨부파일 추가 ⓒ --> 첨부(파일형식 선택) ⓓ

- 학생들이 이미 제출한 문서를 다시 수정하여 제출하고자 할 때는 제출

취소 버튼을 클릭하면 된다고 안내해 준다.

- 학생들이 첨부된 파일을 열게 되면 그 문서는 학생 본인의 구글 드라이브에 자동 저장이 된다. 간혹, 학생들이 어떻게 저장을 하느냐며 묻는다. 구글문서는 실시간 저장이 되므로 별도로 저장할 필요는 없다. 과제를 입력하다가 로그아웃하더라도 걱정할 필요가 없다. 다시 로그인을 한 후에 본인의 구글 드라이브에서 입력한 내용 그대로 자동 저장된 파일을 볼 수 있다.

3. 퀴즈(Quiz)로 학습 집중도 올리기

가. 수업 전 준비

★구글문서를 첨부한 과제 제시 할 때 옵션

- 미리 구글 드라이브에서 문서를 작성하고, 구글클래스룸 / 수업 / (+) / 과제 / 우측의 클립 / 드라이브 / 파일선택

★ 질문(Question) 제시하기

구글클래스룸 / 수업 / + 만들기(Create) / 질문 / 질문 제목과 설명 입력 / 질문 유형 선택(선택형 / 단답형) / 질문

나. 수업하기(학생 활동 중심 수업)

 - 학습지 또는 구글문서로 작성된 학습지 혼자 읽기

 - 모둠별 함께 읽으면서 토의하며 문제의 답 찾기

 - 구글클래스룸에 문제 올리기(교사)

 - 구글클래스룸에 들어가서 모둠별 혹은 개인별 반응도 살피기

 - 전체 토의 토론하기

다. 평가하기(학습 활동 과정 평가 포인트)

 - 모둠별 혹인 개인별 토의 과정 평가(세특기록)

 - 전체 토의 시 발표 내용 평가(세특기록)

 - 발표 횟수(누적하여 정량평가하고 수행평가에 반영)

라. More Tips

 - 구글클래스룸 Question 활용 세 가지 방법

미국에서 참관한 수업 대부분이 학습자 중심 수업이었다. 모둠으로 진행이 되기도 하고 모둠별 서로 다른 학습 활동을 하는 스테이션 학습도 진행하고 있었다. 교사는 수업시간 내내 가르치지 않았다. 초반에 안내하고 설명을 조금 하면 이후 아이들이 활동한다. 그사이 교사는 순회하며 아이들의 활동을 돕는다. 교사의 큰 개입이 없어도 아이들은 활동에 집중했다. 활동이 종료되면 아이들은 다시 개별학습에 들어갔다. 개별학습은 크롬북으로 이루어지고 크롬북을 통한 구글클래스룸에 교사가 제시한 과제를 개별적으로 수행하게 된다. 아마도 학습활동 내용을 정리하는 학습지일 것이다. 아이들이 개별학습 활동을 하는 사이에 교사는 아이들의 학습 활동을 피드백하고 결과를 돌려준다.

중학교 수업   호바트 고등학교 수업

신기하기도 했다. 수업시간에 저렇게 집중하게 되는 이유가 무엇일까 궁금해서 물었다. 아이들은 수업시간 내에 해결해야 할 과제가 있다는 것이다. 놀 틈이 없다. 모든 수업이 활동이고 모든 활동이 곧 평가이다. 그러니 수업시간에 졸고 있을 수 없다. 물론 미국의 모든 학생이 수업시간에 훌륭하게 수업을 받는다는 말은 아니다. 미국의 학생중심 활동 중 핵심이 무엇인가 생각해 보았다.

다양한 주제에 관한 다양한 활동은 우리나라 선생님들이 훨씬 훌륭하다는 생각이 들었다. 학습 활동 자료를 보면 놀라운 활동들을 창안해 내고 고안해내는 선생님들의 능력에 놀라지 않을 수 없다. 그런 자료를 볼 때마다 나는 너무 부족하다는 생각이 많이 들고 자존감이 낮아지곤 했다. 창의력도 없고 사실 거기에 집중할 시간도 없는 것 같았다.

그러나 미국 수업을 참관하고는 좀 자신감이 생겼다. 그리고 그 수업의 본질에 대해 생각해 보게 되었다. 작지만 꾸준함과 성실함으로 아이들과 소통하는 미국의 선생님들을 보며 나도 할 수 있겠다는 자신감이 들었다. 화려한 콘텐츠도 기발한 아이디어도 없지만 간단한 질문 하나로 아이들과 소통의 꽃이 피기도 하고 아이들이 보여주는 생각과 의견을 모두 함께 나누면서 더 깊은 이야기를 나누게 되기도 한다. 바로 내가 늘 생각하는 '배움이 곧 삶'이 되는 소소하지만 확실한 행복을 주는 수업을 할 수 있게 된 것 같다.

가. 수업 전 준비: 생각해 볼 만한 문제 자료 준비

학습할 과제를 구글문서 또는 학습지로 제작한다.

구글문서로 작성한 경우, 제출해야 할 내용을 문서에 작성 후 "과제 (Assignment)"로 올린다. 혹시 손글씨를 더 선호하는 학생이 있다면 구글문서 대신 학습지에 작성해서 사진을 찍어 제출하도록 지시사항으로 안내한다.

★ 구글문서를 첨부한 과제 제시 할 때 옵션

미리 구글 드라이브에서 문서를 작성하고 수업 ⋯ +만들기 ⋯ 과제 ⋯ 과제문서 첨부 ⋯
과제 제시

1. 학생별로 사본 제공: 교사가 작성한 파일이 학생 개인 파일로 별도로 자동 저장된다. 학
   생들의 개별 과제를 제출받을 때 사용
2. 학생에게 수정 권한 제공: 교사가 올린 파일을 과제를 열어보는 모든 학생들이 공유하
   게 된다. 협업 활동을 할 때 매우 유용한 설정이다. 유의점은 교사가 작성한 내용이 학생
   들에 의해 지워질 수 있다. 사전에 함부로 작성된 내용을 지우지 않도록 지도하고, 의견
   이 있을 때에는 코멘트를 활용하여 작성하는 법을 지도한다. 그래도 불안한 경우, 교사
   의 파일을 별도로 사본으로 저장해서 과제로 활용한다. 혹 과제 파일이 지워지더라도
   원래의 내용이 무엇이었는지 확인이 가능하니 걱정할 필요가 없다.
3. 학생에게 보기권한 제공: 파일 수정권한이 없고 학생들은 파일을 볼 수만 있다(퀴즈 준
   비해서 구글클래스룸 퀴즈란에 올리기).

나. 학생 활동 중심 수업

① 학생: 혼자 읽기, 교사: 퀴즈 과제 올리기

소크라티브를 활용할 수도 있지만 구
글 퀴즈를 사용하면 학생들은 구글클
래스룸에서 간단하게 정답을 제출할 수
있고 교사는 학생별로 제출 여부를 실
시간 확인 가능하다. 학생들의 제출 답
안에 따라 개별적인 피드백도 추후 제
공할 수 있다.

② 전체: 문항 반응도 함께 보기

오른쪽의 수가 반응한 학생수이다. 왼쪽의 단어 부분을 클릭하면 선택한 학생들의 이름이 보인다. 이 부분을 잘 활용해서 왜 그렇게 생각했는지 묻고 답한다. 이때, 생각을 구글문서나 학습지에 글로 표현하게 하는 비주얼 씽킹 활동을 한다.

정답을 제출하게 한 후 이어지는 활동으로 비쥬얼 씽킹을 실시하면 본인의 생각에 대한 근거가 마련된다. 이때, 잘 작성되지 않아서 본인이 이해한 것과 이해하지 못한 것을 깨달아 학습이 일어나는 경우가 있고, 비쥬얼 씽킹을 하면서 제출한 정답을 바꾸는 경우가 생긴다. 이런 경우 다시 정답을 맞추는 경우가 대부분이다.

③ 구글클래스룸 랜덤 학생 지정을 활용하여 발표자 정하고 생각 공유하기

학생들은 본인의 생각을 발표하기 어려워한다. 그러나 이미 비쥬얼 씽킹 과정을 통해서 어떻게든 본인의 생각을 정리했다. 본인이 정리한 자료를 가지고 있기 때문에 발표를 시켜도 크게 부담스러워 하지 않는다. 제출된

과제를 함께 보면서 발표자가 설명하게 한다.

혹 집중하지 않는 친구들도 있을 수 있으니 평소에 가끔 발표자의 내용을 다른 친구들을 지목하여 재진술하게 한다. 처음에는 매우 당황해 하고 난감해 하겠지만 그 뒤로는 언제 본인에게 재진술 차례가 올지 모르기 때문에 친구의 발표를 더 경청하게 된다.

다. 학습 활동 과정 평가 포인트

구글클래스룸 활동을 통해서 학생들이 모두 수업에 참여하게 하는 것이 목표인 활동이었다. 퀴즈의 정답률은 교사가 학생들의 현재 수준을 파악하고 앞으로의 수업을 계획하는데 도움을 줄 수 있을 것이다. 이 활동에서는 학생들의 모둠 활동 과정과 발표내용 및 횟수를 평가에 반영할 것을 제안한다.

① 모둠토의과정 관찰 결과 누적하여 교과세특에 기록

개별 읽기 후 모둠 토의 과정을 거치게 된다. 모둠 토의를 관찰하다 보면 분명 눈에 띄게 토의를 잘 이끌어 낸다든지 애매한 부분에서 본인의 생각을 모둠원들에게 잘 표현하는 학생을 볼 수 있다. 또한 가만히 있는 것 같지만 친구들의 의견을 경청하고 반응하는 학생들도 보인다. 이러한 관찰 결과를 누적해 놓으면 모둠활동에 어떻게 참여하고 얼마나 예리하면서도 매너있게 자신의 생각을 잘 전달하였는지를 평가할 수 있게 된다. 이러한 정성적인 내용을 교과세특에 기록해 준다면 좋을 것이다.

② 전체 토의에서 개별 발표내용 누적하여 교과세특에 기록

모둠 토의 후 전체 토의가 이루어진다. 전체 토의 시 T/F 문제의 논리적 근거를 잘 설명하는 학생도 보이고, 본인의 선택한 답이 비록 틀렸지만 나름의 이유를 가지고 의견을 발표한 경우, 그 내용을 계기로 전체 학생들에게 쉽게 범하기 쉬운 오류에 대한 정보를 주어 학습을 돕기도 한다. 어떤 내용이든 자신의 생각을 전체 앞에서 발표하려면 용기가 필요하다. 발표한 내용을 교과세특에 기록해 준다면 학생들에게 발표에 필요한 내적 동기를 유발할 수 있을 것이다.

③ 발표 횟수를 누적하여 수행평가 점수에 반영

발표를 잘 하지 않는 경우가 많다. 발표를 하지 않으면 계획과 달리 교사가 설명을 많이 하게 되고 수업은 학생중심이 아닌 교사중심의 수업으로 바뀌게 된다. 이를 방지하기 위해서는 학생들의 발표를 이끌어내야 한다. 그 방법은 발표 횟수를 누적하여 점수에 반영하는 것이다.

발표 횟수에 따른 점수를 미리 알려주면 학생들은 자신의 점수를 채우기 위해 서로 발표하려고 한다. 그뿐만이 아니다. 더 감동적인 것은 본인의 점수를 채우기 위해 발표를 주도하지 않고 한 번도 발표를 하지 못한 모둠원을 챙기기 위해 양보하는 모습을 보였다. 예상치 못한 감동적인 순간이

밝은 성격으로 모둠 활동시 함께하는 친구들이 즐겁게 활동에 참여할 수 있도록 분위기를 조성하는 장점이 있음. 친구들의 생각을 잘 들어 줄 뿐만 아니라 본인의 생각도 논리적으로 잘 설명하고 이를 전체 앞에서 발표를 잘 하여 1학기 수행평가 발표영역에서 만점을 받음. 논리적인 단서를 활용해서 간접 글쓰기 유형의 글의 순서를 잘 맞추고, 복잡한 구문에서 관계대명사절을 잘 찾아내어 문장을 단순화시켜 의미를 잘 파악해 내며 긴 글도 단락별 주요 내용을 빠르고 정확하게 핵심을 요약하여 순서를 잘 배열할 정도로 추론력이 우수함. 수업활동에 항상 적극적으로 참여하였으며 본인의 약점인 어휘력 향상을 위해 매 수업 전 후 단어 공부도 꾸준히 최선을 다하여 1학기 약 20회 정도의 단어시험에서 100%를 달성할 정도로 성실함.

교과세특 기록 사례

었다. 아이들이 너무 예뻐 보여서 그 순간을 기억하기 위해 기록 노트 한켠에 적어 두었다.

라. More Tips

★ 구글클래스룸의 'Question' 활용 방법

① 간단한 질문하기

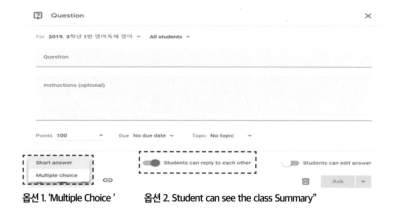

옵션 1. 'Multiple Choice '　　옵션 2. Student can see the class Summary"

학생들이 서로의 답을 읽고 답글을 남길 수 있다. 더 좋은 아이디어를 제시할 수도 있고 유용한 자료를 소개할 수도 있다.

② 객관식 문항 반응 조사

학생들이 본인의 답을 제출한 후 전체 결과를 볼 수 있다. 그러나 보게 한다면 본인의 생각이나 의견이 다수가 선택한 선택지로 흔들릴 수 있기 때문에 보통은 체크하지 않는 편이다.

③ 수업 마지막 느낀 점 소감 등 말하기(Exit Ticket)

Exit Ticket은 수업 종료 약 3~5분 전에 실시하는 마지막 활동으로 볼 수 있다. 수업내용을 얼마나 이해했는지 확인하는 형성평가와 같은 문제가 될 수 있고 수업활동에 대한 느낌이나 소감을 작성하는 활동이 될 수도 있다. 질문이든 소감이든 간에 이를 구글클래스룸의 'Question'을 Exit Ticket으로 활용하면 좋다.

학생들이 제출한 답이나 수업에 대한 느낌 등을 확인하기 쉽고 이를 바탕으로 다음 수업활동의 계획을 세운다면 좋을 것이다.

4. 맞춤형 개별 과제 부여(Make a copy for each student)

가. 수업 전 준비

 - 과제 준비

★각각의 학생들이 과제를 클릭하면 자동적으로 학생들 드라이브에 파일이 저
  장되도록 과제 제시하는 방법
  구글클래스룸 / 수업 / + / 과제 / 제목과 안내사항 설명 입력 /
  점수, 제출일자, 과제 분류, 루브릭 만들기 / 드라이브에서 해당 과제 선택 /
  학생별로 사본 제공 / 과제 만들기

 - 과제에 루브릭 함께 제시하기
 구글클래스룸 / 수업(Classwork) / + 만들기(Create) / 과제(Assignment) /
 과제 제목 입력 / 안내사항 입력 / 하단의 + 기준표 만들기(Create rubric)

나. 수업하기(학생 활동 중심 수업)

 - 요약하기 과제 제시 또는 읽기 자료나 동영상 자료 주고 구글문서 양식에 맞
   게 작성하여 제출하기

다. 평가하기(학습 활동 과정 평가 포인트)

 - 과제 제출 여부 평가(수행)

라. More Tips

 - 제출 시간 설정하여 수업시간 내 활동에 집중력 높이기

 - 학급 과제 폴더로 바로가기

가. 수업 전 준비

학습 활동 문서 제작하기

구글문서와 구글 슬라이드 활용 문서 제작 방법을 소개하겠다.

★ 구글문서 학습지 작성

1. 구글문서 열기
2. 좌측 상단에 활동지 이름 수정하기
3. 문서에 학습 활동 내용 입력하기

★ 구글 슬라이드 제작하기

1. 구글 슬라이드 열기
2. 좌측 상단에 슬라이드 제목 입력하기
3. 슬라이드에 활동 자료 입력하기

나. 학생 활동 중심 수업

수업시간에 그냥 과제를 주는 경우 열심히 참여하지 않고 다른 행동을 하는 학생들이 있다. 이러한 학생들도 참여시키기 위해서는 모든 학생들에게 개별 과제를 부여하고 부여된 과제를 그 시간 내에 제출하게 했더니 모든 학생들이 열심히 활동을 해내느라 분주했다.

모든 활동은 반드시 시간을 별도로 세팅하면 클래스룸의 제출된 과제를 확인해 보면 시간 내 제출한 학생과 그렇지 않은 학생들을 구별할 수가 있다. 늦게 제출한 학생은 "Done Late"으로 표시하고 아예 제출하지 않은 학생은 "Missing"으로 분류해 점수 부여하기 편하다.

요약하기 활동 과제

★ 과제 제시 방법

구글클래스룸 / 수업 / + / 과제 / 제목과 설명 입력 / 점수, 제출일자 및 시간, 과제 분류, 루브릭 만들기 / 드라이브에서 미리 작성한 학습 활동 문서 또는 슬라이드 선택 / Make a copy for each student 선택 / 과제 부여

※ 루브릭을 작성하고 채점하는 방법은 아래의 평가하기에서 소개할 것이다. 물론 평가에 반영되지 않을 활동으로 루브릭이 필요 없는 과제는 그냥 생략해도 된다.

기한: 4월 11일, 오후 1:00
10강 3번 요약하기 과제
100점
___

내용을 요약해서 양식에 맞게 제출하세요.
구글 폼이나 학습지에 정리한 내용을 사진을 찍어 제출하시면 됩니다.

첨부파일

📄 10강 3번 요약하기
학생별로 사본 제공

★ 문자에 링크 삽입 방법

1. 링크를 삽입할 부분에 마우스 커서를 둔다.

2. ⓐⓑLink Insert 아이콘 클릭

3. 문자와 연결할 링크 입력(연결할 링크 자료의 URL을 그대로 복사해서 붙이면 된다.)

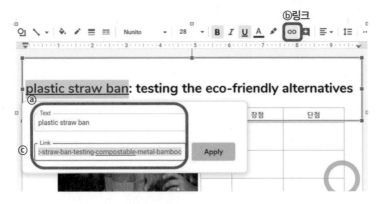

4. 링크가 연결된 단어를 클릭하면 연결된 자료를 확인하게 되고 URL을 클릭하면 해
   당 자료로 이동하게 된다. 해당 내용을 보고 슬라이드의 표에 알맞은 내용을 작성하
   면 된다.

다. 학습 활동 과정 평가 포인트

과제 제시할 때 루브릭을 함께 제시하면 학생들은 활동에 참여하기 전 루브릭을 통해 평가기준을 확인할 수 있고 활동의 방향을 잡을 수 있을 것이다.

★ 루브릭 제시 방법

구글클래스룸 / 수업(Classwork) ···▸ + 만들기(Create) ···▸ 과제(Assignment) ···▸ 과제 제목 입력 ···▸ 안내사항(Instruction)으로 이동 ···▸ 하단의 + 기준표 만들기(Create rubric)

※ 루브릭을 작성하고 채점하는 방법은 아래의 평가하기에서 소개할 것이다. 물론 평가에 반영되지 않을 활동으로 루브릭이 필요 없는 과제는 그냥 생략해도 된다.

이 활동은 수업활동에 집중해서 참여하게 하는 것이 목표이다. 개별적 창의성을 요구하는 것이 아니고 주어진 자료를 잘 살펴서 다음 활동을 위한 배경지식 활성화에 그 목표가 있다고 보면 된다. 따라서 학생들의 과제 제출 여부를 수행평가에 반영할 수 있다.

라. More Tips

★ 활동 시간 설정

수업시간 내에 이루어지는 활동은 수업시간 내에 제출할 수 있도록 안내하고 과제에 시간을 설정해 두면 평가에 효과적으로 반영할 수 있다. 보다 여유롭게 시간을 주고 싶지만 차라리 학습 활동 양을 조절해서 수업시간 내에 해결이 가능한 정도만 제시하고 이를 수업시간내에 마무리해서 제출하고 나갈 수 있도록 하면 놀랍게도 학생들이 수업시간에 집중하는 모습을 볼 수 있을 것이다.

★ 학습과제 폴더로 바로 가기

학생들의 과제별 제출물을 확인하기 위해서 일일이 과제를 열고 학생들의 파일을 열어야 하는 일이 바쁠때는 번거롭게 생각된다. 이럴 때 유용한 것이 학급별 과제 폴더이다.

1) 우측 하단의 폴더 클릭

2) 확인하고자 하는 과제 폴더를 클릭하여 폴더 안의 제출 과제물 확인

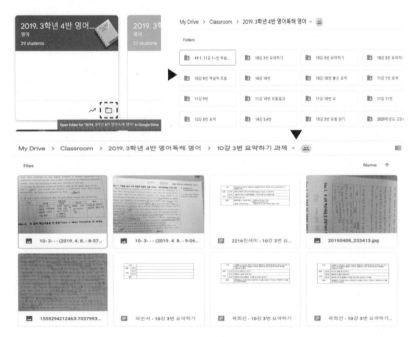

5. 협동과 배려 그리고 소통역량 키우는 모둠별 협업 과제(구글문서)

여기서 소개할 수업은 구글문서와 구글 슬라이드를 활용한 협업 활동이다. 기본적인 구글문서와 구글 슬라이드를 이해했다면 쉽게 적용이 가능할 것이다.

가. 수업 전 준비
- 협동학습 역할 나누기
- 역할별 학습지 제작하기(구글문서 또는 종이 자료)
- 수업 중 과제로 제출할 학습지 제작하기

나. 수업하기(학생 활동 중심 수업)
- 1차시: 혼자 읽고 요약한 내용 제출하기
- 2차시: 모둠 읽기
- 3차시: 모둠 읽기 자료 제출하기
- 4차시: Google Slide 활용 발표하기
- 5차시: 전체 내용 Google Form으로 Quizizz 자기평가 / 동료평가

다. 평가하기(학습 활동 과정 평가 포인트)
- 모둠별 혹인 개인별 제출 과제 평가(내용/제출기한)
- 전체 발표 내용 평가(세특기록)
- Google Form으로 Quiz 점수 반영(수행평가)
- 자기평가 / 동료평가(세특기록)

라. More Tips
- 모둠별 과제 제시하는 방법

가. 수업 전 준비

① 역할 나누기

역할은 학급당 학생 수에 따라서 모둠별 모둠원에 따라서 다를 수 있다. 모둠의 역할명이나 활동 내용도 교사가 재량껏 바꾸면 된다. 역할 할당은 모둠원이 구성되면 모둠끼리 결정하게 하는 것이 좋다. 모두가 한 번씩 단원마다 각 역할을 돌아가면서 해도 좋을 것이다.

역할	활동 내용
A(Stutcher)	구글문서 공유 및 제출. 모둠 활동 안내 및 운영
B(Word Master)	단어 정리 및 안내 (구글문서 또는 슬라이드)
C(Analyzer)	읽기자료에서 복잡한 문장 정리 (구글문서 또는 슬라이드)
D(Quiz Maker)	읽은 내용으로 문제 만들기(구글 폼)
E(Reporter)	모둠 활동 발표, 모둠 활동 과정 정리

② 역할별 종이 학습지

개별 학습 활동을 위한 학습지는 종이 자료로 제공한다.

직소우 리딩을 위해 전체 읽기 내용을

1. 모둠 수에 맞게 읽기 내용 나누기

2. 각 모둠마다 역할에 맞는 학습지 만들기

예를 들면, 총 5모둠에 모둠별 인원이 5명이라고 하면 전체 25명의 학생들은 모두 서로 다른 학습지를 갖게 된다. 모두가 자신의 역할을 누구에게 의지할 수도 없는 책무성을 떠맡게 되고 자신의 역할을 해내야 다른 친구에게 피해를 주지 않게 된다. 결국, 모든 학생은 무임승차 없이 자신의 역할을 중심으로 수업 활동에 참여하게 된다.

Advanced English Reading | Reading Circle　　　No._#_____ Name:_____

Lesson 1. Love and Life	월　　일
Reading 1. Why we love, who we love	2학년 ___반 ___번 이름:

Have you ever known a married couple that just didn't seem as though they should fit together—yet they were both happy in the marriage, and you couldn't figure out why? I know of one couple. He is a big, strong person who, in addition to being a successful salesman, coaches Little League, is active in his Rotary Club and plays golf every Saturday with friends. Meanwhile, his wife is petite, quiet and a complete homebody.

She doesn't even like to go out to dinner. What mysterious force drives us into the arms of one person, while pushing us away from another who might appear equally desirable to any unbiased observer?

Your Parents' Influence

Of the many factors influencing our idea of the perfect mate, one of the most telling, according to John Money, professor of medical psychology and pediatrics at Johns Hopkins University, is what he calls our "love map," a series of messages encoded in our brains that describe our likes and dislikes. It shows our preferences in hair, voice, smell, and body build. It also records the kind of personality that appeals to us. In short, we fall for and pursue those people who most clearly fit our love map. And this love map is largely determined in childhood. By age eight, the pattern for our ideal mate has already begun to float around in our head.

<Stucher>
Student - Teacher = Stucher : 모둠의 리더로 팀 활동을 리드하면서 밑줄 친 부분에 유의하며가 내용을 이해하고 모둠원들의 활동을 돕는다.

Advanced English Reading | Reading Circle　　　No._#_____ Name:_____

Lesson 1. Love and Life	월　　일
Reading 1. Why we love, who we love	2학년 ___반 ___번 이름:

Have you ever known a married couple that just didn't seem as though they should fit together—yet they were both happy in the marriage, and you couldn't figure out why? I know of one couple. He is a big, strong person who, in addition to being a successful salesman, coaches Little League, is active in his Rotary Club and plays golf every Saturday with friends. Meanwhile, his wife is petite, quiet and a complete homebody.

She doesn't even like to go out to dinner. What mysterious force drives us into the arms of one person, while pushing us away from another who might appear equally desirable to any unbiased observer?

Your Parents' Influence

Of the many factors influencing our idea of the perfect mate, one of the most telling, according to John Money, professor of medical psychology and pediatrics at Johns Hopkins University, is what he calls our "love map," a series of messages encoded in our brains that describe our likes and dislikes. It shows our preferences in hair, voice, smell, and body build. It also records the kind of personality that appeals to us. In short, we fall for and pursue those people who most clearly fit our love map. And this love map is largely determined in childhood. By age eight, the pattern for our ideal mate has already begun to float around in our head.

<Word Master>
말줄 친 어휘들을 중심으로 모둠원의 이해를 돕기 위해 단어를 정리한다.
(예. 영영풀이, 그림, 사진, 뜻풀이 등)

Advanced English Reading | Reading Circle　　　No._#_____ Name:_____

Lesson 1. Love and Life	월　　일
Reading 1. Why we love, who we love	2학년 ___반 ___번 이름:

Have you ever known a married couple that just didn't seem as though they should fit together—yet they were both happy in the marriage, and you couldn't figure out why? I know of one couple. **He is a big, strong person who,** in addition to being a successful salesman, coaches Little League, **is active in his Rotary Club and plays golf every Saturday with friends.** Meanwhile, his wife is petite, quiet and a complete homebody.

She doesn't even like to go out to dinner. What mysterious force drives us into the arms of one person, **while pushing us away from another who might appear equally** desirable to any unbiased observer?

Your Parents' Influence

Of the many factors influencing our idea of the perfect mate, one of the most telling, **according to John Money, professor of medical psychology and pediatrics at Johns Hopkins University, is what he calls our "love map,"** a series of messages encoded in our **brains that describe our likes and dislikes.** It shows our preferences in hair, voice, smell, and body build. It also records the kind of personality **that appeals to us.** In short, we fall for and pursue those people who most clearly fit our love map. And this love map is largely determined in childhood. By age eight, the pattern for our ideal mate has already begun to float around in our head.

<Structure Analyser>
복잡하게 되어 있는 문장들을 중심으로 모둠원의 이해할 수 있게 구문을 분석하고 해석한다.
(예. 동사 찾기, 끊어읽기 표시, 문법적 내용 정리)

Advanced English Reading | Reading Circle　　　No._#_____ Name:_____

Lesson 1. Love and Life	월　　일
Reading 1. Why we love, who we love	2학년 ___반 ___번 이름:

Have you ever known a married couple that just didn't seem as though they should fit together—yet they were both happy in the marriage, and you couldn't figure out why? I know of one couple. He is a big, strong person who, in addition to being a successful salesman, coaches Little League, is active in his Rotary Club and plays golf every Saturday with friends. Meanwhile, his wife is petite, quiet and a complete homebody.

She doesn't even like to go out to dinner. What mysterious force drives us into the arms of one person, while pushing us away from another who might appear equally desirable to any unbiased observer?

Your Parents' Influence

Of the many factors influencing our idea of the perfect mate, one of the most telling, according to John Money, professor of medical psychology and pediatrics at Johns Hopkins University, is what he calls our "love map," a series of messages encoded in our brains that describe our likes and dislikes. It shows our preferences in hair, voice, smell, and body build. It also records the kind of personality that appeals to us. In short, we fall for and pursue those people who most clearly fit our love map. And this love map is largely determined in childhood. By age eight, the pattern for our ideal mate has already begun to float around in our head.

<Quiz Maker>
글의 내용을 바탕으로 간단한 퀴즈를 최소한 2개 이상 만든다. 필요시, Stucher와 협동한다.
(예. T/F, Short Answer, Multiple Choices)

Advanced English Reading | Reading Circle　　　No._#_____ Name:_____

Lesson 1. Love and Life	월　　일
Reading 1. Why we love, who we love	2학년 ___반 ___번 이름:

Have you ever known a married couple that just didn't seem as though they should fit together—yet they were both happy in the marriage, and you couldn't figure out why? I know of one couple. He is a big, strong person who, in addition to being a successful salesman, coaches Little League, is active in his Rotary Club and plays golf every Saturday with friends. Meanwhile, his wife is petite, quiet and a complete homebody.

She doesn't even like to go out to dinner. What mysterious force drives us into the arms of one person, while pushing us away from another who might appear equally desirable to any unbiased observer?

Your Parents' Influence

Of the many factors influencing our idea of the perfect mate, one of the most telling, according to John Money, professor of medical psychology and pediatrics at Johns Hopkins University, is what he calls our "love map," a series of messages encoded in our brains that describe our likes and dislikes. It shows our preferences in hair, voice, smell, and body build. It also records the kind of personality that appeals to us. In short, we fall for and pursue those people who most clearly fit our love map. And this love map is largely determined in childhood. By age eight, the pattern for our ideal mate has already begun to float around in our head.

< Reporter >
글의 내용을 읽은 후, 모둠의 활동모습을 인상적인 모습을 구체적으로 기록한다.
(예. 준비도, 참여도, 성실도, 협동심, 배려심 등)

③ 종이 활동지의 핵심은 구글문서로 만들기

하나의 구글문서에 다섯 명의 역할에 맞는 학습지를 제작하여 제시한다.

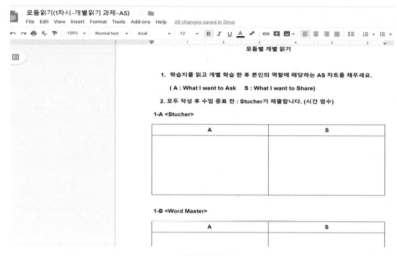

모둠별 구글문서

이때, A(Stutcher)가 1) 문서를 사본 저장, 2) 이름을 모둠명으로 바꾸어 저장, 3) 모둠원에게 문서 공유하면 모둠별로 서로 다른 자기 모둠의 파일을 모둠원끼리 공유하게 된다.

★ 모둠별로 문서 사본 만들어 공유하는 방법

> 파일(File) / 사본 만들기(Make a copy) / 파일명 입력 / OK / 공유하기(Share) / 모둠원 이
> 메일 입력 / 공유 옵션 선택 / 완료(Done)

과제를 제출받고 확인하다 보면 한 반에 약 30명이 되는 학생들의 파일을 일일이 열어 확인하는 일이 쉽지는 않다. 한 반 당 30명 정도 되는 학급을 9개 반 운영해 보신 선생님들은 금방 이해할 수 있을 것이다.

구글문서든 구글 슬라이드든 개별 과제가 아닌 모둠의 결과로 공유 문서로 결과를 제출받으면 교사 입장에서는 여러 개의 파일을 열 필요없이 하나의 파일을 열면 모두의 결과를 한 번에 확인할 수 있다. 일일이 열어 확인해야 하는 수고로움을 덜 수 있을 뿐 아니라 자료에 대한 피드백을 제공하기가 더 쉬워지고 더 많은 시간을 할애할 수 있을 것이다.

학생의 입장에서는 본인의 과제 수행에 대한 보다 유의미한 피드백을 받게 될 가능성이 높아짐을 의미하기도 한다. 따라서 과제를 제시 전에 신중히 생각하는 편이 좋다. 제출해야 할 과제의 분량이 많거나 내용이 개인적인 내용이거나 평가와 밀접한 관련이 있다면 개별적인 과제로 제출받는 편이 좋을 것이다. 그러나 그러한 경우가 아니라면 하나의 문서로 제출받도록 과제를 제시한다면 교사는 한 번에 모든 학생들의 학습 과정에 대해 즉각적인 피드백을 주기 쉬울 뿐만 아니라 학습에 도움이 되는 피드백을 주는 일이 보다 즐거운 일이 될 수 있다.

이 활동에서는 그래서 되도록 모둠이나 전체 과제로 제출받는 형식의 과제를 제시하는 사례를 보여주고자 한다.

나. 학생 활동 중심 수업

① 1차시_혼자 읽고 요약한 내용 제출하기

: 자신이 맡은 역할을 수행하기 위한 읽기

 구글문서에 본인의 학습 내용 정리하기

② 2차시_모둠 읽기

: 구글문서 모둠별 학습 내용 정리(전문가 되기)

각자 자신이 준비한 내용을 중심으로 모둠에 해당하는 읽기 부분을 학습한다. 모둠 학습 결과를 하나의 파일로 저장하고 작성하여 제출한다.

2차시의 파일은 전체 학생이 공유하는 파일이다. 각 모둠은 모둠 번호에 맞는 문서 화면에 자신의 모둠 학습 내용을 정리한다. 그렇게 한 시간 수업을 하고나면 마지막에는 하나의 문서에 모둠의 학습 내용이 모두 함께 정리되어 있을 것이다. 별도로 저장하고 불러오고 복사할 필요가 없다.

③ 3차시, 4차시_Peer Teaching

: 각 모둠별로 한 명씩 새로운 모둠을 구성하고 전문가 그룹에서(처음 모둠) 학습한 내용을 다른 모둠에게 설명한다. 발표가 부담스러운 친구는 동영상 발표로 대체한다.

* 이 단계에서 교사는 활동을 순회하며 관찰하다가 공통적으로 어려워하는 부분을 체크해 별도로 정리한 후 4차시 마지막 부분에서 전체를 대상으로 확인학습을 한다. 물론, 해당 내용의 전문가 그룹의 구성원 중 자발적으로 교사역할을 대신해서 설명해도 좋을 것이다.

④ 5차시_퀴즈

: 교사가 만든 문제 + 각 모둠에서 만든 문제를 구글 폼으로 받아서 편집

다. 학습 활동 과정 평가 포인트

평가 영역		평가 방법
차시	제출된 과제 내용	
1차시	구글문서 개별읽기 결과 모둠 AS 표	정성평가
2차시	모둠별 티칭 자료 제출	정성평가
3차시	피어 티칭 자료 및 발표 내용	정성평가
4차시		
5차시	퀴즈	정량평가

라. More Tips

모둠활동을 할 때 모둠별로 서로 다른 과제를 줄 수도 있고 동일한 과제일지라도 모둠별로 협업을 하도록 할 수 있다. 이럴 때는 다음과 같이 과제를 제시하면 된다.

과제를 게시하는 화면에서

1. 과제 설정 후 동일한 모둠 학생들만 선택하여 과제 게시

2. 과제를 복사하거나 혹은 Reuse(재사용)를 클릭하여 과제를 불러 온 후 다른 모둠의 학생들을 선택하여 게시

그러나 구글문서나 슬라이드를 첨부하여 과제를 게시하는 경우 미리 구

글 드라이브에 모둠별 문서를 서로 다른 이름으로 저장해 두어야 한다. (구글문서 작업 후 '파일 / 사본 복사하기'를 클릭하여 파일명만 수정하면 동일한 내용의 문서를 여러 개 만들 수 있다.)

보다 손쉬운 방법은

1. 구글문서를 첨부하여 과제 게시
2. 모둠 별 대표 학생이 문서 열기
3. 대표 학생이 파일 / 사본 복사하기 클릭하여 파일명을 모둠명으로 수정
4. 대표 학생이 모둠원에게 문서 공유하기(모둠원의 이메일 필요)

6. 협동과 배려 그리고 소통역량 키우는
모둠별 협업 과제(구글 슬라이드)

가. 수업 전 준비

  - 수업 관련 내용 보충자료 구글클래스룸에 읽기 자료로 제시하기

  - 모둠활동 슬라이드 제작하기(QR코드)

나. 수업하기(학생 활동 중심 수업)

  - 모둠 구성하기

  - 구글클래스룸 통한 모둠 활동 과제 소개

  - 과제 미션 번호 선택(주사위)

  - 과제 완성 후 발표(발표자는 무작위로)

다. 평가하기(학습 활동 과정 평가 포인트)

  - 모둠활동 결과 평가

  - 자기평가 / 동료평가(세특기록)

라. More Tips

  - 과제 예약하기

가. 수업 전 준비

모둠 활동 슬라이드 제작하기

구글문서와 구글 슬라이드 활용 문서 제작 방법을 소개하겠다.

★ 구글 슬라이드 활용 전체 공유 학습 활동 자료 제작

1. 드라이브에서 구글 슬라이드 열기

2. 좌측 상단에 활동지 이름 수정하기 예. 모둠읽기(학반)

3. 슬라이드 학습 활동 내용 입력하기(문서, QR코드)

※ 첫 번째 슬라이드에는 교사의 안내사항이나 활동방법을 안내하면 좋다. 또는 작성 예시를 보여준

다면 학생들이 필요할 때 언제든지 참고하여 활동 참여율을 높일 수 있다.

★ 과제 제시 방법

> 구글클래스룸 / 수업 / + / 과제 / 제목과 안내사항 입력 / 점수, 제출일자, 과제 분류, 루
> 브릭 만들기 / 드라이브에서 해당 과제 선택 / 학생에게 수정권한 제공(Students can edit
> the file) 선택 / 과제 부여
> ※ 루브릭을 작성하고 채점하는 방법은 아래의 평가하기에서 소개할 것이다. 물론 평가에 반영되지 않
> 을 활동으로 루브릭이 필요 없는 과제는 그냥 생략해도 된다.

나. 학생 활동 중심 수업

읽기 자료와 관련된 영상이나 읽기 자료를 미리 구글클래스룸에 참고자
료로 게시하여 학생들이 미리 관련 배경지식을 활성화하고 수업에 임할 수
있도록 한다. 이때, 학생들에게 영상과제를 제시하는 경우, 듣지 않고 그냥

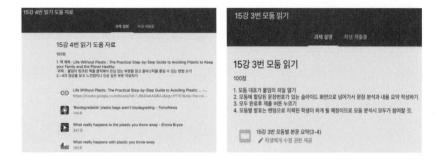

오는 학생들이나 중간에 건너 뛰어버리는 학생들이 있을 수 있다. 이를 방지하고 학생들이 의미 있게 학습활동에 참여하게 하기 위하여 동영상 편집 앱을 활용하여 질문을 중간에 삽입할 수 있다. 이와 관련된 내용은 7번의 〈거꾸로 수업〉에서 소개하도록 하고 여기서는 모둠활동 과제에만 집중하도록 하겠다.

활동 과정

① 구글클래스룸에 미리 과제를 게시해 놓는다. 과제를 작성해서 예정해 놓으면 해당 수업시간에 맞추어 과제가 활성화된다.

학생들이 활동을 시작하기 전에 발표자는 랜덤으로 정해진다는 사실을 꼭 상기시켜줘야 한다. 그렇지 않으면 원치 않게 떠밀려 발표자가 정해지게 되고 발표할 사람만 부담감을 안은 채 활동에 참여할 수 있기 때문이

다. 발표자가 랜덤으로 정해진다고 하면 모든 학생들은 본인이 될지 모르기 때문에 보다 적극적으로 활동에 참여하게 된다.

랜덤으로 발표자를 정할 때는 주사위를 활용했다. 가장 간단하고 공정하면서도 긴장되는 발표 정하기 방법이라고 생각한다.

과제 소개 시 루브릭을 함께 소개하면 학생들이 활동에 참여하기 전 평가기준을 알고 기준에 맞추어 활동에 참여하게 할 수 있다.

② 구글클래스룸 통한 모둠 활동 과제 소개

첫 번째 슬라이드에는 교사의 안내사항이나 활동방법을 안내하면 좋다. 또는 작성 예시를 보여준다면 학생들이 필요할 때 언제든지 참고하여 활동 참여율을 높일 수 있다.

교사가 제공해 준 파일 양식에 모둠 토의 결과를 입력하면 된다.

③ 모둠별 발표(발표자는 무작위로)

구글 슬라이드 공유 문서가 아닌 상황을 생각해 보자. 발표를 할 때도 각자 자신의 모둠 결과를 이메일로 전송해 놓고 교사 컴퓨터에서 파일을 열어 이용하거나, USB와 같은 보조 저장 장치에 별도로 저장을 한 후 파일을 열어서 공유할 수밖에 없다. 5개 모둠이 일일이 파일을 전송 또는 저장해서 열고 닫고 하는 시간을 벌 수 있다. 활동 과정이 실시간 공유 문서에 저장되고 이 과정에 프로젝트에 보이게 되니 친구들은 다른 모둠의 활동 진행 과정도 살필 수 있다. 여기에 구글클래스룸이 왜 교실수업의 소확행을 불러오는지에 대한 답이 있는 것이다. 공유하기 쉽고 나누기 쉽고 서

로에게 언제 어디서나 피드백이 가능한 것이다.

이것은 수많은 활동 가운데 기본 중의 기본적인 활동이다. 기본을 이해하고 나면 이를 바탕으로 수도 없는 응용 활동이 가능하게 될 것이다. 이 활동을 소개하고 있으면서도 더 좋은 것이 있는데……, 하며 소개하고 싶어진다. 그 많은 것을 다 소개할 필요는 없을 것 같다. 이미 이 활동을 읽고 있는 분들도 비슷한 수업 상황을 그리면서 설레는 마음을 갖고 있을 것이라는 확신이 들기 때문이다.

다. 학습 활동 과정 평가 포인트

앞에서 소개한 활동을 평가에 반영한다고 가정해 보자. 어떻게 할 수 있을까? 학생들의 활동 모습을 메모하거나, 체크리스트를 만들어 활용할 수 있을 것이다. 수업 후에는 학생들의 결과를 다 모아서 나중에 다시 채점할 것이라고 다짐할 것이다. 그러나 의지대로 가져온 즉시 채점할 수 있는 상황이 되지 않을 확률이 높고 며칠 지나고 나면 이제 다른 반의 자료도 쌓여 엄두가 나지 않을 뿐더러 학생들이 발표했던 모습도 머릿속에서 흐릿해졌을 수 있다. 나의 이야기이다.

그래서 이 활동은 평가하고자 하는 요소를 루브릭으로 제작하여 과제를 제시하였다. 활동이 끝나면 간단하게 평가를 끝낼 수 있다. 물론 활동 중에도 가능하다. 참고로 루브릭 관련 기능은 현재까지는 pc로만 작업이 가능하다. 루브릭과 관련된 내용은 평가 6에 자세히 설명되어 있으니 여기서는 채점만 언급하겠다.

라. More Tips

구글클래스룸에 과제를 제시하거나 구글폼을 이용한 평가를 하고자 할 때, 시험 시간이나 과제 게시 시간을 사전에 예약해서 사용할 수 있다. 과제를 제시할 때, 시간을 예약하면 저장해 놓은 과제를 나중에 따로 활성화 시키지 않아도 되고 놓치는 일도 없다. 특히 공개수업을 하는 경우에 유용하다. 수업시간에 활용할 퀴즈를 미리 줄 수도 없고 수업을 공개하면서 퀴즈를 만들거나 과제를 부여하려고 하면 혼란스러울 수 있다. 그러나 미리 예약하기 기능을 활용하면 차분하게 수업활동을 준비하고 수업시간에도 여유를 가질 수 있다.

★ 수업 활동 사전에 시간 예약 하는 방법

- 구글클래스룸 과제나 퀴즈 제시 화면 우측 하단에서 'schedule' 클릭
- 일자와 시간 설정 후 저장

Schedule assignment

7. 동영상을 활용한 거꾸로 수업

가. 수업 전 준비

  - 수업에 활용한 동영상 직접 촬영하기 또는 찾아보기

  - Edpuzzle 앱 활용 연습하기

  - Edpuzzle로 편집한 동영상 구글클래스룸에 게시하기

  - 들은 자료 보고 정리할 학습지 제작하기

나. 수업하기(학생 활동 중심 수업)

  - Edpuzzle 'LIVE' 실행하기

  - 모둠 또는 개별로 Edpuzzle 'LIVE'

  - 과제 미션 번호 선택(주사위)

  - 과제 완성 후 발표(발표자는 무작위로)

  - 동영상 보고 느낀 점과 학습지 완성하여 제출하기

다. 평가하기(학습 활동 과정 평가 포인트)

  - Edpuzzle 'LIVE'를 하는 동안 제출된 답안 평가

  - 제출한 학습지 내용 평가

라. More Tips

  - Edpuzzle앱 구글클래스룸과 연동하여 사용하기

가. 수업 전 준비: 영상 촬영 및 구글클래스룸 올리기

수업에 활용할 영상을 준비한다. 영상을 촬영해도 되고 아니면 수업의 주제와 관련된 동영상을 찾아서 활용해도 좋다. 어떠한 영상이든지 먼저 영상을 편집해서 수업에 사용할 준비를 해야 한다. 동영상만 주는 과제는 동영상을 건너뛰기 하지 않고 끝까지 모든 내용을 시청하였는지 확인하기 어렵다. 그럴 경우에는 동영상 중간중간에 질문을 만들어 넣는다면 어떨까? 학생들이 동영상을 처음부터 끝까지 보지 않았다면 정답을 말할 수 없었을 것이다.

여기서는 쓰레기 매립지에 관한 내용을 학습하기 전에 관련된 플라스틱 쓰레기 문제 동영상을 활용한 수업을 소개하고자 한다.

★ 질문이 포함된 동영상 편집하기

가. edpuzzle.com에 로그인하기(구글 계정으로 로그인 가능)

나. 교사 로그인

다. 동영상 검색: 만약 테드 영상이나 테드에드 또는 유튜브 영상에서 찾아낸 적절한 자료가 있는 경우 그 영상의 제목을 검색창에 입력하면 바로 원하는 동영상을 찾아 편집이 가능하다. 활용할 동영상을 찾게 된 과정은 다음과 같다.

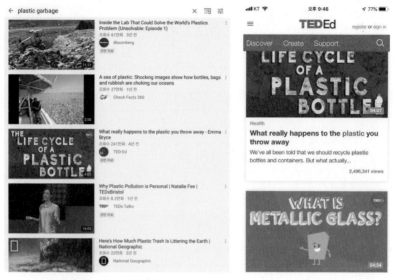

유튜브에서 플라스틱 쓰레기 검색　　　　**ed.ted.com에서 영상 찾기**

★ edpuzzle에서 영상 편집 방법

search video(동영상 선택) / copy / My content / Edit / Save / Finish / Assign

★ Edit 방법

1. Crop(비디오 자르기): 필요한 부분만 잘라내서 사용하기

2. 보이스 오버: 동영상 전체에 필요한 수업내용을 음성으로 삽입

3. 오디오 노트: 필요한 부분에 특정개념, 중요한 내용을 음성으로 삽입

4. Quizzes(퀴즈): 선택형 또는 단답형 문항 만들기

※ 영상을 검색하면 이미 다른 사람들이 편집해 놓은 영상 자료가 함께 검색이 된다. 영상은 동일하지만 질문의 개수나 질문 내용은 다르다. 마음에 드는 자료를 저장하거나 혹은 두 개 이상의 자료를 참고하여 자신의 동영상을 편집하여 사용하면 된다.

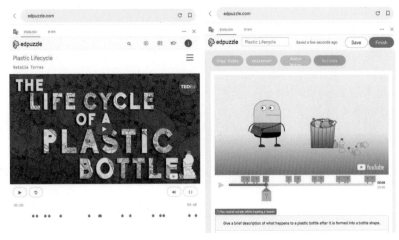

| edpuzzle.com에서 콘텐츠 저장 | 수업에 활용할 영상 편집 |

나. 학생 활동 중심 수업

개별 과제 결과를 바탕으로 피드백할 수 있다. 그러나 과제로는 질문이 포함되어 있지 않은 일반 동영상을 과제로 내주고 학습해 오게 한 후 수업 시간에 편집한 동영상으로 전체 학생과 함께 수업활동 자료로 활용할 수 있다.

★ 수업시간에 전체 학생들과 동영상으로 활동하는 방법

My class / 좌측에서 학급 선택 / 동영상 과제 클릭 / 우측 하단의 Go live! 클릭 / Start
 - 학생들이 참여하는 방법
1. edpuzzle.com 로그인(구글 계정으로 로그인 가능)
2. 학급 선택

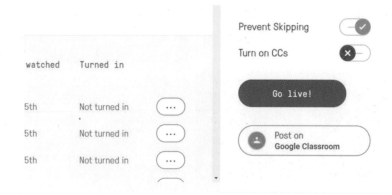

Go live 클릭

방법 확인 후 Go live 클릭　　　　**Live 화면**

- Rewatch 학생들이 잘 이해하지 못한 경우 해당 부분만 다시 들을 수 있다.
- Skip 너무 쉬운 경우나 활동 시간이 애매해서 넘어가고자 하는 경우 해당 질문을 건너뛰고 다음으로 갈 수 있다.
- Continue 이 버튼을 클릭하게 되면 학생들은 더 이상 답을 입력할 수 없다. 학생들에게 응답할 시간을 주고 우측의 답변 수를 확인 한 후 클릭하면 된다.

다. 학습 활동 과정 평가 포인트

edpuzzle.com에서 과제 결과를 확인할 수 있다. 아래 사진처럼 연동해 놓은 클래스를 선택하면 해당 과제에 대한 학생들의 답변 결과를 볼 수 있다.

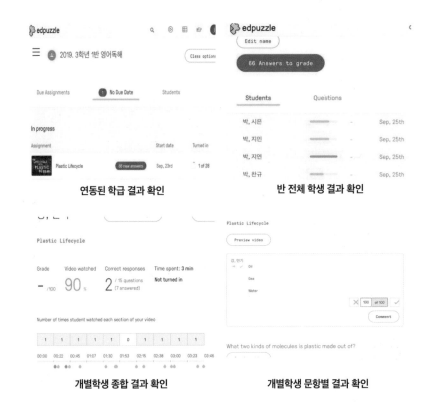

연동된 학급 결과 확인　　　　　　반 전체 학생 결과 확인

개별학생 종합 결과 확인　　　　　개별학생 문항별 결과 확인

학급 전체 결과를 분석하여 보충학습이 필요한 부분을 미리 알고 다음 수업시간에 지도할 수 있다. 개별학습 결과 중 정량적인 점수는 필요시 누적하여 수행평가 점수로 반영하면 된다. 아마도 평가에 반영된다고 하면

학생들은 더 적극적으로 활동에 참여할 것이다. 일회성이 아니라 꾸준하게 활용하고 그 결과를 누적한다면 학생 개별 장단점도 분명히 파악할 수 있을 것이다. 거기서 드러난 점들을 종합하여 교과세특에 기록해 줄 수 있다면 좋겠다.

라. More Tips

구글클래스룸과 에드퍼즐을 연동하면 학생들은 제시된 과제를 구글클래스룸에서 확인하고 활동에 참여할 수 있다. 그리고 구글클래스룸에 속해 있는 학생들을 그대로 불러올 수 있으므로 학생들을 별도로 가입시킬 필요도 없다. 그리고 학생들의 과제 완수 여부도 확인할 수 있다.

★ edpuzzle.com과 구글클래스룸 연동하여 과제 제시하기

우측하단의 Assign / + Add new class / Import class / Google classroom / 반 선택 / Import class / Assign

edpuzzle.com에 구글클래스룸 연동   구글클래스룸 과제 화면

8. 종이 학습지 검사는 이제 그만! e-포트폴리오

가. 수업 후반 준비

- 학습지 제출을 위한 과제 제시

- 제출 양식 필요시 구글문서 작성

나. 평가하기(학습 활동 과정 평가 포인트)

- 제출된 학습지 내용 평가(교과세특)

- 시간 내 제출 여부 확인 후 평가(수행)

다. More Tips

- 제출된 과제를 하나의 파일로 받고 확인하기

S: "선생님 저희 학습지요~~"

T: "응? 내가 학습지 걷었니?"

S: "네~ 쌤~~!! 오늘은 꼭 주신다고 하셨는데요~"

　"제가 가서 가져올까요?"

T: "…."

'사실은 서랍 속에 넣어 둔 채 확인하지 못했다. 돌려줄 순 있지만 아직 평가도 하지 못했는데⋯⋯. 자주 확인할수록 좋을 텐데 이렇게 밀리게 되니 어떻게 하면 좋을까⋯⋯.'

모든 과제를 다 디지털화할 수는 없다. 어떤 학생들은 아날로그 방식을 선호하기도 한다. 사실은 종이학습이든 디지털학습이든 어느 방식이 더 좋다고 하긴 어렵다. 교사 입장에서 상호작용을 더 확대하고 언제 어디서든 학생들에게 유의미한 피드백을 제공할 수 있게 해 주는 것이 구글클래스룸 운영이다. 따라서 모든 자료를 디지털화한다고 구글문서나 슬라이드를 사용할 필요는 없다. 학습지도 상관없다. 실제로 e-book보다 종이책이 더 편한 사람은 여전히 많지 않은가?

종이 과제물이나 학습지도 구글클래스룸을 통해 제출할 수 있다. 영상자료나 사진도 마찬가지이다. 다양한 활용이 가능할 것이다.

여기서는 복습을 위해 그날 수업시간에 배운 자료의 학습지는 그날 모두 완성해서 제출하는 방식을 소개하고자 한다. 정말 간단하다. 하지만 이 방식을 적용하니

1. 별도로 학습지를 걷고 확인하고 돌려주는 수고를 할 필요가 없다.

2. 학습지에 대한 평가를 별도로 기록하고 관리할 필요가 없다.

3. 학생들은 그날 배운 내용을 그날 바로 복습하게 되니 학습 효과는 더욱 높아지게 된다.

4. 잘 정리한 학생의 결과물을 다음시간 바로 교실 프로젝션 화면을 통해서 공유가 가능하다. 별도로 장치가 필요하지 않다.

가. 수업 후반 준비

학습 활동 중 중요한 부분을 중점으로 작성해서 제출해야 할 과제를 제시한다.

1. 제출 기한은 반드시 수업을 한 그날밤 12시까지로 한다.

2. 제출 방법은 학습자가 선택하게 한다.

3. 사진으로 바로 찍어 사진만 제출하는 경우에는 구글 드라이브에서 학생의 결과물을 볼 수 없다. 이런 경우에는, 과제를 제시할 때, 구글문서나 슬라이드를 학생들이 편집할 수 있도록 설정한 후 제시하고, 학습지로 과제를 작성한 사람들은 사진을 구글문서나 슬라이드에 삽입하게 하면 된다.

과제 제시(시간 설정)   과제 제시(공유된 구글문서로 제출)

과제 제출 화면

★ 학생들이 제출하는 방법

클래스룸의 과제를 열어서 구글문서를 첨부한 경우

1. 문서 열고 학습지 작성

2. 구글클래스룸에 '제출' 클릭

 클래스룸에 문서가 첨부되어 있지 않는 경우

1. 종이 학습지 완성

2. 클래스룸의 과제 열고 첨부파일 추가 클릭

3. 제출 방식 선택 후 '제출' 클릭

   - 사진 촬영을 선택하면 바로 카메라가 실행이 되고 찍은 사진이 바로
    파일로 첨부된다. 많은 학생들이 이 방법을 선택한다.

   - 드라이브, 파일 저장해 둔 파일을 첨부하여 제출할 경우

나. 학습 활동 과정 평가 포인트

 기한 내 과제 제출 여부를 확인하고 이를 누적하여 수행평가 점수로 반영한다. 수행평가에 반영되는 점수는 최대한 객관적이어야 다른 말이 없으니 정확히 기한 내에 제출 여부를 판단할 수 있도록 구글클래스룸에 시간을 설정하여 과제를 제시하면 학생들은 그 시간 내에 제출하기 위해 스스로 과제를 챙기게 된다.

 물론, 구글클래스룸의 루브릭 기능을 활용하여 기한 내 제출 여부와 더불어서 내용의 충실성과 성실성을 함께 평가할 수도 있다.

제출한 과제 중 잘한 부분
은 정성평가하여 별도로 체크
해 두었다가 과목별 교과세부
능력 특기사항에 반영해 주면
좋다.

다. More Tips

학생들의 과제를 개별적으로 받으면서 하나의 파일로 받을 수 있다. 일
일이 파일을 열어야 하는 번거로움이 사라지니 구글문서를 첨부한 과제를
받을 때 꽤 요긴하게 사용될 수 있다.

★ 공유파일 1개로 전체학생 과제 받기

구글클래스룸 과제 게시할 때, 첨부된 구글문서를 'Students can edit
the file'로 설정하고 학생들은

1. 클래스룸의 과제를 열고 첨부된 문서를 열어서

2. 자신의 번호에 해당하는 셀 혹은 슬라이드에 과제를 작성

3. 구글클래스룸에서 '완료로 표시' 클릭

9. 구글 앱을 종합한 NGO 콘테스트 프로젝트 수업

가. 수업 전 준비

  - 프로젝트 수업 단계 구상

  - 각 단계별 학습활동 준비

나. 수업하기(학생 활동 중심 수업)

  - 과제 1: 개별 학습

  - 과제 2: 모둠 학습

  - 과제 3: 발표

다. 평가하기(학습 활동 과정 평가 포인트)

  - 개별 및 모둠활동 후 제출된 과제 평가

  - 구글 행 아웃을 통한 발표 평가

라. More Tips

  활동 단계별 과제 게시할 때 루브릭 포함 방법

가. 수업 전 준비

① 화상 수업을 위한 프로젝트 수업 단계 구상

세계시민교육의 일환
으로 NGO 콘테스트를
실시하여 학생들이 전
세계가 당면한 글로벌
문제에 대한 관심을 높
이고 문제 해결을 위해

NGO Contest

1. Create a NGO (a non-government organization)
- UN의 SDGs 17개중 한 개를 선택하고 해당 문제 해결을 위해 도움을 줄 수 있는 NGO를 창설하세요.
- 최종 선정이 되는 NGO는 백만 달러를 기부 받게 됩니다.
- NGO 활동 목표를 가능한 구체적으로 작성 해 주세요.

2. 활동 계획을 수립하는데 필요한 내용 작성(구글 문서)
- 다음을 반드시 포함 할 것
  * NGO 설립 배경
  * NGO 활동 목표 및 백만 달러 사용 계획

3. 발표 자료 만들기(구글 슬라이드)
- 슬라이드 수는 총 7개로 제한
- 모둠별 발표 순서 및 시간 준수

우리가 할 수 있는 일이 무엇인지에 대해 생각해 보게 하는 프로젝트 수업
을 구안한다.

② 프로젝트 활동 결과 샘플 작성

활동을 할 때는 언제나 멘토 텍스트(Mentor Text)가 필요하다. 활동의 이
해를 돕기도 하지만 프로젝트를 통해서 무엇을 해야 할지 목표를 분명히

하는 데 도움이 된다. 그리고 교사 본인도 프로젝트 활동을 위한 이해와 준비가 잘 되었는지 점검 과정이 되기도 한다.

나. 학생 활동 중심 수업

① 각 단계별 학습활동 계획

차시	활동 내용		자료
	활동 과제	활동 유형	
1	NGO 이해하기 UN의 지속가능발전 목표 17개 탐구	개별활동	구글 슬라이드
2	모둠별로 NGO 목표 설정 NGO 활동 계획 수립을 위한 정보 수집 후 마스터 플랜 작성	모둠활동	구글문서
3	구글문서의 마스터플랜을 토대로 프리젠테이션을 위한 발표 자료 제작	모둠별 협업활동	구글 슬라이드
4	NGO 콘테스트 프리젠테이션 데이!	모둠별 협업	구글 폼

② 과제 1 제시

학생들이 NGO에 대해 이해하고 UN의 지속가능발전 목표 17개를 이해하는 데 도움이 되는 자료를 구글클래스룸의 자료에 게시한다.

구글클래스룸 / 수업 / + / 자료 / 제목과 설명 입력 / 자료 첨부 후 게시

다음의 자료를 활용하여 NGO와 UN의 17개 지속가능발전 목표를 학습하세요.
학습한 후 본인의 느낌이나 생각을 써 주세요.

0 Turned in　　**1** Assigne

 How I founded a NGO at...
YouTube video　10 minutes

 KOICA 홈페이지
http://www.koica.go.kr/koic...

 Sustainable Developme...
https://sustainabledevelop...

③ 과제 2 제시

UN의 지속가능발전 목표 17개 중 동일한 목표를 선택한 학생들끼리 모둠을 구성한다. 모둠원들끼리 NGO 콘테스트 준비 1단계로 구글문서에 마스터플랜을 작성하도록 과제를 게시한다.

008 NGO Contest　　　　　　　　100 points ⋮

jiyoung yun　Nov 2, 2018 (Edited Nov 12, 2018)

이번 프로젝트는 NGO contest 입니다.
붙임의 활동 안내를 보고 이번 프로젝트 진행 방향을 확인하고
구글 닥스 자료를 완성하여 제출하세요.

| NGO Contest | NGO Contest
Google Slides | NGO MASTERLINE
Google Docs |

④ 과제 3 제시

모둠별로 구글문서로 작성한 마스터플랜을 바탕으로 프리젠테이션을 위한 발표 자료를 작성하는 과제를 게시한다. 그리고 다음과 같이 발표 규칙

을 정확하게 안내한다.

★ 프리젠테이션 발표 규칙

사전에 프리젠테이션 발표 규칙을 정하면 학생들이 규칙에 맞게 활동의 방향을 정하는 데 도움이 된다.

 1. 발표 포함 내용 제시: 도입, 본문(배경, 목표, 활동 계획), 결론

 2. 시간제한: 10분

 3. 발표자(모둠별 5명일 경우의 예)

  - 1번 발표자: 도입   - 2번 발표자: 본문 1

  - 3번 발표자: 본문 2   - 4번 발퓨자: 본문 3

  - 5번 발표자: 결론

이렇게 사전에 준수해야 할 규칙을 정해 두면 발표자료를 제작하면서 협업을 하는데도 각자에게 역할이 할당되고 자동적으로 슬라이드도 역할에 맞추어 협업하여 작성하게 된다.

★ 구글 행 아웃을 통한 발표 공유 및 심사

1. 타 학교와 함께 프로젝트 활동 진행 후 구글 행 아웃 통한 발표 내용 공유

2. 교사가 아닌 다른 관련 분야 전문가를 심사위원으로 위촉하고 면대면 심사가 아닌
   원격 화상을 통한 온라인 심사

다. 학습 활동 과정 평가 포인트

① 개별 및 모둠활동 후 제출된 과제 평가

제출된 과제를 루브릭에 맞추어 평가한다. 구글클래스룸에 과제를 제시할 때, 루브릭을 첨부한다. 그 예시는 다음과 같다.

점수	조건	내용	구성
3	시간내에 제출	활동의 목적에 맞는 내용이 충실하게 작성됨	논리적인 흐름에 맞게 구성됨
2	1일 초과	활동의 목적에 맞는 내용이 부족함	논리적인 흐름에 비추어 구성이 잘 되지 않음
1	2일 이상 초과	활동의 목적에 맞는 내용이 없음	논리적인 흐름이 생략됨

② 구글 행 아웃을 통한 발표 평가

점수	발표 자세	전달력
5	적극적으로 궁금한 점을 질문하고, 상대방의 질문에 성의껏 답변함	정확한 발음과 적절한 말 빠르기로 준비한 내용을 빠짐없이 잘 발표함
3	궁금한 점을 질문 하였으나 상대방의 질문에 잘 답변하지 못함	정확한 발음과 적절한 말 빠르기로 발표했지만 준비 한 내용을 모두 전달하지 못함
1	발표에 관심이 부족하고 준비도 부족하여 질의 응답에 잘 대처하지 못함	발음의 정확도가 떨어지고 말의 속도가 너무 빨라서 준비 한 내용을 잘 전달하지 못함

라. More Tips

루브릭을 구글클래스룸 과제에 포함시키는 방법

구글클래스룸 / 수업 / + 만들기 / 과제 / 과제 제목 및 안내사항 입력 / 하단의 기준 제시 (create Rubric)

10. 디지털 교수학습자료로 실시한
플라스틱 환경오염 프로젝트 수업

가. 수업 전 준비

 - 디지털 레슨 작성하기

  * 구글 슬라이드 (QR코드)

  * 구글문서 (QR코드)

나. 수업하기(학생 활동 중심 수업)

 - 수업 단계

 - 단계별 활동 내용

 < Engage & Explore >

 < Explain & Apply >

 < Share & Reflect >

다. 평가하기(학습 활동 과정 평가 포인트)

 - 개별로 제출한 구글문서 평가(수행)

 - 제출된 학습지 내용 평가

 - Readworks 결과 평가(수행)

 - 발표 내용 동료평가 (세특)

 - 활동 전반 자기평가 (세특)

4차 산업혁명 시대에 대비할 수 있는 수업은 기존의 지식 전달 위주에서 벗어나 학생들 스스로 탐구하고 협동할 수 있도록 도와주는 방식으로의 전환이 필요하다. 학생들 스스로의 탐구와 협동을 장려하기 위해서는 교사의 역할도 바뀌어야 하고 학습자료의 형태도 변해야 한다. 기존의 교과서에 국한된 내용만으로는 학생들의 다양한 호기심을 채울 수 없다.

디지털 교과서란 어떤 것일까? 텍스트로 되어 있는 교과서가 디지털로 바뀌었다는 것만으로 디지털 교과서라고 할 수는 없을 것이다.

미국 시카고주에서 열린 에드테크 연수에 참여했다. 디지털 교수학습자료 소개 세션을 선택해서 들을 때 뭔가 새로운 것 같기는 했는데 그 시간에 다 이해할 수는 없었다. 열심히 메모해 온 것들을 바탕으로 돌아와서 차분하게 찾아보고 내가 이해한 대로 수업에 적용해 보았다.

디지털 자료를 활용한 프로젝트 수업으로 키우는 4Cs

디지털 교수학습자료는 학습의 중심을 교사가 이끄는 수업에서 학습자 중심으로의 변화를 위한 최적의 디지털 활동들이다.

4Cs[Collaboration(협업), Communication(소통), Critical Thinking(비판적 사고), Creativity(창의성)]는 미래사회에 필요한 핵심역량을 기르는 데 꼭 필요한 역량으로, 이러한 역량을 키워줄 수 있는 방향으로 수업이 바뀌어야 한다. 이를 위해서 각 단계마다 서로 다른 역량을 길러주는 프로젝트 활동 수업은 매우 유용하다.

여기에서는 4Cs의 각 역량별로 다양한 디지털 스킬을 포함한 활동 개발에 중점을 두었다.

수업 진행 단계

3단계 학습 활동이 5~6차시 수업으로 진행되며 학습 활동에 참여하는 과정에서 스스로 정보를 탐색하며 구성하고 소통하며 나누고 협업하며 과제를 해결하면서 미래 핵심 역량이 길러진다.

절차	활동 내용	활용 디지털 스킬
Engage & Explore	비디오, 그림, 인용구 등을 활용해서 학생들의 학습 동기 유발 기사문, 비디오, 교재내용 등을 활용해 주제에 대한 탐구	유튜브, 팟 캐스트 사진, 구글 맵 구글문서
Explain & Apply	웹 툴을 활용한 수업 내용 설명	구글 구글 슬라이드 에드퍼즐
	웹 툴 활용한 과제를 통하여 학습 내용 실생활에 적용	
Share & Reflect	활동 결과물에 대한 피드백 제공	구글문서 구글 슬라이드 구글 폼, 패들릿
	디지털 피드백 제공	

가. 수업 전 준비

구글문서로 디지털 학습지 제작

1. 구글문서 열기 / 파일명 입력

2. 문서 작성

3. 필요한 사진 및 동영상 입력

동영상과 사진 그리고 링크를 연결하여 문서와 슬라이드를 작성하는 방법은 기본적인 내용에 속하므로 구글 앱 사용법을 부분을 참고하면 된다. 프로젝트 활동을 위한 디지털 학습지를 작성하려면 구글문서와 구글 슬라이드 작성법에 먼저 익숙해 진 후, 활용할 자료를 찾는 것이 가장 중요한 일이다.

많은 자료가 있지만 막상 수업에 활용하려고 하면 생각나지 않아 수업 자료 작성이 어려울 때가 있다 그래서 틈나는 대로 유용한 기사문을 스마트기기를 활용해 메일이나 카카오톡으로 보내 놓으면 좋다.

나. 학생 활동 중심 수업

1) 수업 단계

자료 유형	활동 내용		학습 자료	차시
	단계	과제		
Google Doc	Engage & Explorelore	플라스틱 환경오염에 대한 배경지식을 활성화할 한글 자료를 영상, 신문기사, 사진 등을 보고 알게 된 것과 더 알고 싶은 것 Google Doc으로 정리하여 제출	News영상, 기사	1
		관련된 영어자료 읽기 활동	Readworks.org	2
Google Slide	Explain & Apply	영어 영상(TED, Youtube), 사진, 도표, 그림보고 자신의 입장에서 생각되는 실태, 문제점, 해결방안 등을 작성하여 Google Doc 제출	Ted Youtubenews web-sites	3
		3차시에 작성한 자료를 바탕으로 모둠별로 협업하여 자료 만들어 Google Doc 제출하기	Google Doc	4
Google Doc, Google Slide	Share & Reflect	협업하여 모둠별 발표 자료를 Google Slide로 만들어 Padlet에 올려 공유하기	padlet Google slide	5
		모둠별 발표, 동료평가하기, 활동 피드백하기	Google Form	6

2) 단계별 활동 내용

Engage & Explore

최근 이슈가 되고 있는 플라스틱 환경문제의 심각성에 대한 인식을 제고하기 위해 2차시에 걸쳐 탐험 활동을 진행한다.

★ 과제 제시 방법

> 미리 구글 드라이브에서 문서를 작성하고, 구글클래스룸 과제 / 수업 / (+) / 과제 /우측의 클립 / 드라이브 / 파일선택 / Make a copy for each students 설정 / Assign

① 플라스틱 환경오염과 관련된 우리말 읽기 자료로 배경지식 활성화

우리말로 된 글을 편안하게 읽는다. 심각성에 대한 내용을 정리하게 하고 더 알고 싶은 점을 작성하여 제출한다.

Resources

1. 올해 UN이 선정한 세계 환경의 날 공식 주제는 '**플라스틱 오염으로부터의 탈출**'
http://cafe.daum.net/dotax/Elgq/2328020?q=%ED%94%8C%EB%9D%BC%EC%8A%A4%ED%8B%B1%20%EC%98%A4%EC%97%BC

What you have learned	What you want to know more

2. 미세플라스틱
   A. http://cafe.daum.net/enp.or.kr/9hll/1206?q=%ED%94%8C%EB%9D%BC%EC%8A%A4%ED%8B%B1%20%EC%98%A4%EC%97%BC

   B. http://nowon.newsk.com/bbs/bbs.asp?group_name=109&idx_num=29356&exe=view

What you have learned	What you want to know more

첨부된 구글문서(제출용)

② 영어 읽기 자료 "What a Dump" 읽고 배경지식 활성화 및 영어 학습

1차시에 학습한 배경지식을 바탕으로 같은 내용을 다루고 있는 영어 읽기 자료를 보고 제시된 문제를 풀어 제출한다.

★ Readworks 과제 제시 방법

Readworks와 구글클래스룸 연동

https://www.readworks.org 로그인 / 중앙 상단의 Class Admin 선택 / 우측의 +Create a Class / Import from Google Classroom / 반 선택 / Import Class
- Readworks에서 과제 제시
콘텐츠 검색 후 My List에 저장 / 중앙 상단의 My List 선택 / 콘텐츠 우측의 Assign 클릭

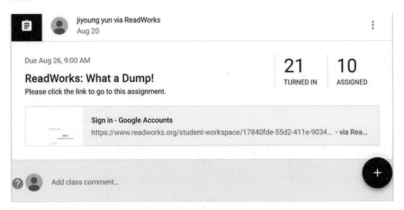

Readworks.org 과제 제시

Explain & Apply

영어 영상(TED, Youtube), 사진, 도표, 그림을 하이퍼닥으로 제시하여 각 자료를 보고 난 후 주어진 양식에 맞추어 과제를 제출한다.

① 진정성 높은 자료를 제시

-https://www.theguardian.com(영국 유력 주간지 기사를 활용하여 학생들에게 진정성 있는 학습자료 제공뿐만 아니라 환경문제에 대해 전 세계가 함께 고민하고 있음을 인식)

-http://news.jtbc.joins.com/(주제와 관련된 가장 최근의 국내 뉴스를 자료로 제공하여 자신의 현재 삶과 관련되어 있는 진정성 있는 학습자료 제공)

② '배움=삶'이 될 수 있도록 자신의 삶과 연결지어 다양한 각도로 학습 주제에 대해 고민

-자신의 삶과 연관지어 중요하다고 생각되는 내용

-문제 해결의 어려운 점

-자료들에서 공통적으로 주장하고 있는 내용

-자료를 보고 난 후 달라진 자신의 생각

★ 과제 제시 방법

> 미리 구글 드라이브에서 구글문서 또는 슬라이드를 열어서 문서를 작성하고, 구글클래스룸 과제 ⋯ 수업 ⋯ + 만들기 ⋯ 과제 ⋯ 추가 ⋯ 구글 드라이브 파일 선택 ⋯ 문서 옵션 설정 ⋯ 게시 후 모둠의 대표가 문서의 파일명을 모둠명으로 수정 후 모둠원에게 공유하도록 안내

HyperDoc (모둠 과제용)

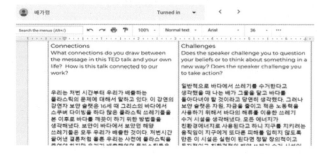

제출된 과제

Share & Reflect

★ Padlet 과제 제시 방법

① 모둠별 발표 자료 공유하기

-공유 방법: Padlet.com/yjy97/plastic

-모둠의 결과를 함께 공유하고 서로의 발표 자료를 보고 댓글 달기

- Padlet.com 로그인 / + Padlet / 우측 상단의 톱니바퀴 선택 / 설정 변경 (제목, 설명, 주소)
- 구글클래스룸에서 padlet의 URL을 복사하여 과제 제시

과제 제출 화면

② 발표하고 평가하기(동료평가, 자기평가)

-모둠별 5분 동안 모둠원이 함께 발표

-나머지 학생들은 발표를 보면서 다음의 평가기준에 맞추어 동료평가(평가는 Google Form 활용)

-모둠 발표 후 프로젝트 활동 전반에 대한 자기평가

다. 학습 활동 과정 평가 포인트

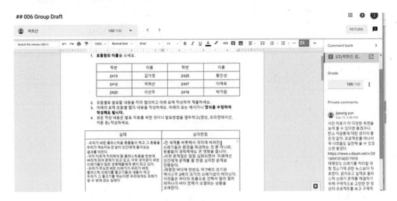

모둠 과제 서술형 피드백(정성평가)

★ 활동 단계별 제출 과제에 대한 평가 내용 예시

제출 내용		평가 내용
단계	제출 과제	
Engage & Explore	영상, 신문기사, 사진 등을 보고 알게 된 것과 더 알고 싶은 것 정리하여 제출한 개별 구글문서	시간 내 제출 여부(수행)
	관련된 영어자료 읽기 활동	Readwork 평가 결과(수행)
Explain & Apply	영어 영상(TED, Youtube), 사진, 도표, 그림보고 자신의 입장에서 생각되는 실태 등을 작성한 구글문서	시간 내 제출 여부(수행) 작성된 내용의 적절성(수행)
	모둠별로 협업하여 작성한 발표 원고(구글문서)	<모둠 평가> - 활동 참여 모습(세특) - 시간 내 제출 여부(수행)
Share & Reflect	협업하여 모둠별 발표 자료를 Google Slide로 만들어 Padlet에 올려 공유하기	<모둠 평가> - 발표 참여 내용(세특)
	모둠별 발표, 동료평가하기, 활동 피드백하기	- 자기평가 (세특) - 동표 평가 (세특)

배움을 지원하는 과정 평가와 기록

11. 구글 폼으로 쪽지시험 보고 점수 바로 확인하기

1) 문항 작성 및 과제 제시 방법

구글클래스룸 / 수업(Classwork) / + 만들기(Create) / 퀴즈 과제(Quiz assignmnet)

1) 제목(Title), 안내사항(Instruction) 입력

2) 점수, 제출시간, 과제 주제 선택

3) 자동 생성되어 있는 구글 폼 클릭(Blank Quiz)

4) 구글클래스룸 화면으로 돌아가서 과제 게시(Assign) 클릭

각 교과마다 학생들의 이해도 체크를 위해서 쪽지시험을 가끔 볼 것이다. 영어과에서는 단어시험을 거의 매시간 실시한다. 요즘에는 앱이 잘 나와서 온라인으로 대체하기도 하지만 여전히 쪽지시험의 위력은 크다.

문제는 쪽지시험 후 채점이다. 수업시간에 단어시험을 실시하고 이를 채점까지 하게 되면 아까운 수업시간이 약 10분 정도는 사라진다. 그래서 수업 후 가져와서 혼자 채점을 하려니 마음먹은 것만큼 쉽지 않다. 더 자주 쪽지시험을 보고 싶지만 채점이 큰 부담인 것도 사실이다. 그것도 한 학급이면 문제가 없는데 9개 학급 200명이 훌쩍 넘는 학생들의 시험지를 채점할 생각하면 한숨부터 나온다. 누가 대신해 줄 수 없는 일이다. 그렇다고 시험을 안 볼 수는 없지 않은가.

사실 단어시험 채점만큼 번거로운 일이 또 있겠는가. 그 시간과 에너지를 수업 활동 연구에 쓸 수 있다면 훨씬 생산적일 것이다.

이런 교사들의 부담을 덜어주고 보다 의미있는 활동 연구에 집중할 수 있도록 도와줄 수 있는 해결사가 구글 폼이다. 사실 구글 폼의 활용은 무

궁무진하다. 가장 기본적인 사항을 소개하고 이를 바탕으로 적용 및 응용하는 일은 이 책을 보시는 선생님들 몫으로 남겨 두겠다.

문항 작성과 과제 제시방법은 다음과 같다.

구글클래스룸 / 수업(Classwork) / + 만들기(Create) / 퀴즈 과제(Quiz assignmnet)
1) 제목(Title), 안내사항(Instruction) 입력
2) 점수, 제출시간, 과제 주제 선택
3) 자동 생성되어 있는 구글 폼 클릭(Blank Quiz)

새로 열린 구글 폼 창에서 쪽지시험 내용 작성한다.

가. 우측 상단의 파일명 수정(예. 1차 단어시험)

나. 화면 중앙에 시험 제목 입력(예. 1차 단어시험)

다. 시험 관련 안내 지시문 입력(예. 단어의 알맞을 뜻을 쓰시오)

라. 1번 문항부터 입력 시작(예. 1. prudent)

★ 쪽지시험 문항 유형 설정

여러 개의 옵션이 있지만 쪽지시험의 경우 유용한 네 가지이다.

문항 유형	특징	사진
단답형 Short Answer	단답형 유형으로 단어시험의 뜻쓰기로 적합	
장문형 Paragraph	한 단락 이상의 장문의 답을 쓰게 하는 경우 적합	
객관식질문 Multiple Choice	선다형 문항으로 선택지 개수 조정 가능(한 가지 옵션만 선택 가능)	
체크박스 Check Boxes	선다형 문항으로 선택지 개수 조정 가능하나 옵션을 두 가지 이상 선택 가능	

마. 정답 입력

답안(Answer Key)   정답, 점수입력

이후 구글클래스룸 화면으로 돌아가서 Assign 클릭하면 끝!

★ 채점, 점수 확인

학생들의 시험점수는 실시간으로 자동 채점이 된다. 교사는

드라이브 / 파일 찾기(또는 클래스룸에서 파일 보기) / 파일 열어서 '응답(Responses)' 확인한다.

① 요약(Summary) 탭 확인

학생들의 평균부터 분포도 그리고 개별 점수까지 확인 가능하다.

② 문항별 반응도 확인

③ 개별 점수 및 반응도 확인

기한: 3월 27일 오후 9:20

1차 단어 시험

👤 jiyoung yun   3월 27일 (8월 17일에 수정됨)

1. 붙임의 파일을 열고
2. 주어진 단어의 알맞은 뜻을 쓰세요.
3. 단어의 뜻은 미리 제시해 준 단어 뜻과 일치해야 정답으로 인정합니다.
4. 모두 작성 후에 제출을 눌러주세요.

📄 단어시험9강3-2
Google 설문지

단어 쪽지시험

📊 통계

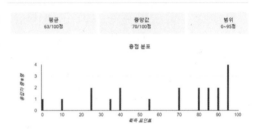

12. 구글 폼으로 시험 문항 반응도 분석하고 피드백하기

구글클래스룸 / Classwork / + Create / Quiz assignment
 1) 제목(Title), 안내사항(Instruction) 입력
 2) 점수, 제출시간, 과제 주제 선택
 3) 자동 생성되어 있는 구글 폼 클릭(Blank Quiz)
  - 새로 열린 구글 폼 창에서 쪽지시험 내용 작성
 4) 구글클래스룸 화면으로 돌아가서 과제 게시(Assign) 클릭

형성평가부터 교내 평가 그리고 외부시험을 실시하고 나면 가장 중요한 일이 평가 결과 분석이다. 학생들이 어느 정도 수준에 머물러 있는 것인지 특별히 어려워하는 문항은 어떤 것이었는지 분석하여 그 결과를 다음 차시 수업에 반영할 수 있어야 한다. 그러나 나이스에서 제공된 문항 반응도, 모의고사 분석 후 하는 학교별 시험 분석도 모두 개별학생에 대한 분석 정보와 문항별 분석 정보는 제공해 주지 않는다. 이를테면, 3번 문항의 답지 반응도에 따라서 매력적인 오답에 대한 학생들의 반응정도, 정답지보다 더 많은 학생들이 선택한 답지가 있는 경우에도 유심히 살펴야 할 부분이다.

이에 대한 충분한 분석 정보를 제공해 주는 것이 구글 폼이므로 이를 잘 활용하면 유의미한 분석 결과를 얻을 수 있다. 수업을 통한 학생들에게 보다 정확한 피드백 제공이 가능한 것이다.

1) 미니테스트 1을 만들어 보자

(1) 파일명을 수정한다.

- 이때, 학급별로 결과를 구분해서 분석하려면 파일명을 학급 단위로 구분하면 된다(예. 미니테스트 1(3-1)).

- 모든 문항 완성 후 우측의 ⓐ(더보기)를 클릭 ⋯ ⓑ'사본 만들기(Make a copy)' 선택 ⋯ ⓒ파일명을 (예. 미니테스트 1(3-2))로 저장하면 된다.

(2) 화면 중앙에 시험 제목 입력한다(예. 미니테스트 1(3-1)).

(3) 시험 관련 안내 지시문 입력한다(예. 단어의 알맞은 뜻을 쓰시오).

(4) 1번 문항부터 입력한다(예. 1. prudent).

- 문항별 정답 및 배점 입력: 하단의 답안(Answer key) 클릭 후 정답과 후측의 배점 입력

이후 구글클래스룸 화면으로 돌아가서 Assign 클릭하면 끝!

응답받기

구글 폼 문서는 QR코드로 만들어 교실에 인쇄해서 쉽게 참여하게 할 수
도 있고 URL을 문자로 보내 참여하게 할 수도 있다.

① URL을 문자로 전송

우측의 ⓐ보내기(SEND) / ⓑ가운데 링크 / ⓒ링크 삽입

② QR코드 만드는 법

qrstuff.com(로그인 불필요) ···› 복사한 Link를 ⓑ의 웹사이트 URL에 Ctrl+V ···›
ⓒ의 QR CODE PREVIEW 확인 후 ⓓ의 DOWNLOAD ···› 별도 폴더에 저장 후 사용

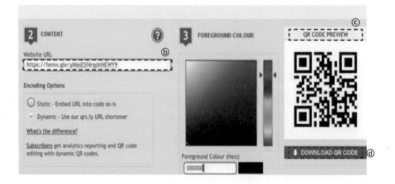

2) 결과 분석 후 피드백 제공 및 수업 계획하기

가. 요약(Summary) 탭 확인

(1) 평균 점수와 학생들의 점수 분포도 등 확인

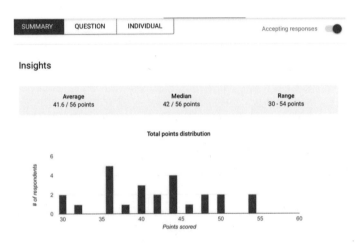

(2) 학생들이 가장 많이 틀린 문제 확인

-주로 가장 많이 틀린 유형을 분석하고, 이에 대한 도움을 줄 수 있는 내용을 다음 시간 수업 내용에 반영한다.

Frequently missed questions ❓	Correct responses
11. 문맥상 낱말의 쓰임이 적절하지 않은 것은?	10 / 25
12. (A), (B), (C)의 각 네모 안에서 어법에 맞는 표현으로 가장 적절한 것은?	11 / 25
17. 다음 빈칸에 들어갈 말로 가장 적절한 것을 고르시오	7 / 20
22. 글의 흐름으로 보아, 주어진 문장이 들어가기에 가장 적절한 곳은?	8 / 25

나. 질문(Question) 탭 확인

(1) 많이 틀린 문제 화면 보기

(2) 하단의 선택지별로 응답자 번호 확인

-각 선택지별로 Responses를 클릭하면 그 선택지에 응답한 학생들의 번호가 보인다. 이때 해당 번호를 클릭하면 오른쪽처럼 개별보기(Individual) 탭으로 이동하고 해당학생 화면으로 이동한다.

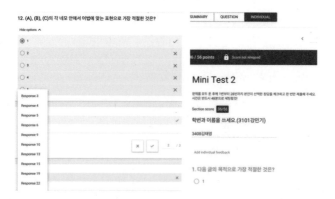

-필요하다면 Responses 아래의 Add Feedback에 코멘트를 남길 수도 있다.

다. 개별보기(Individual) 탭 확인

(1) 학생 학습 상황 확인

-학생별로 맞은 문제와 틀린 문제를 확인하고 부족한 내용에 대한 피드백을 제공할 수 있다. 실제로 전국연합평가 또는 대입 모의평가의 경우 학생들이 어떠한 문항을 틀렸는지도 중요하지만 학생의 선택한 답에 대한 정보를 알아야 문제점도 파악하고 도움을 줄 수 있다.

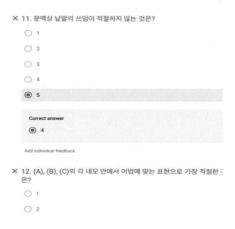

(2) ⓐⓑ의 방향키를 활용해 앞뒤로 이동할 수가 있고 자료를 출력할 수도 있다. 우측 상단에 보면 학생별로 전체 점수 합이 보인다.

13. 구글문서로 자기평가하기

학습 과정과 결과에 대한 자기평가는 학습의 중요한 부분이다.

> 가. 구글 드라이브 / 구글문서 작성(자기평가지) /
>
> 나. 구글클래스룸 / 수업(Classwork) / + 만들기(Create) / 과제(Assignment) / 제목, 안내
> 사항(Topic, Instruction) 입력 후 문서 첨부 / 'Make a copy for each student' 설정

★ 구글문서로 자기평가지 만들기

> 구글문서 / 파일명 저장 / 자기평가지 작성

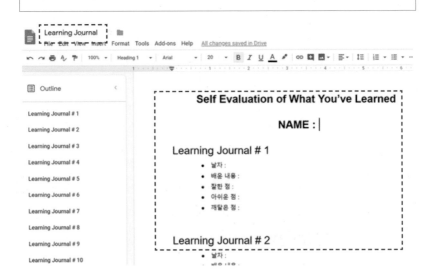

자기평가 내용이 쌓여 문서가 길어질 수 있다. 이럴 때는 문서 개요를 설정한다. 학생들이 10번째 자기평가를 할 때는 좌측의 개요에서 10번을 클릭하면 해당 화면으로 이동한다.

1) 문서 개요(Heading) 작성 방법

문서에 내용 입력(예. Learning Journal #1) / 내용을 블록 씌우기 / 서식(Format) / 단락스타일(Paragraph style) / 제목 1(Header 1) 선택

두 번째부터는 내용을 복사한 후 Format / Paragraph style / Header 선택을 반복하면 된다.

★ 과제 제시

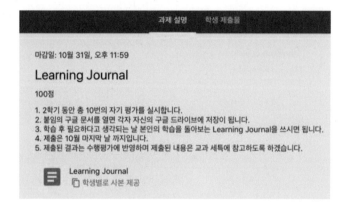

- 피드백을 위해 마지막 제출일까지 기다릴 필요는 없다. 언제든지 구글 드라이브에서 자기평가 과정중인 학생들의 문서를 열어 볼 수 있고 중간에 도움이 되는 피드백을 제공할 수 있다. 교사에게도 학생에게도 중요한 것은 결과보다는 학습의 과정이기 때문이다.
- 학생들에게 자기평가서에 제시된 내용 이외 것들을 추가할 수 있음을 안내한다. 예를 들면, 영상이나 사진 등으로 자기평가 내용을 덧붙일 수 있다.

14. 제출받은 과제 점수 부여하고 학생 확인 "About 성적(Grade)"

1) 성적(Grade) 설정하기 (PC에서만 가능)

구글클래스룸에서 점수와 관련된 옵션은 3가지이다.

> 클래스룸 / 성적(Grade) / 설정 / 성적 계산(Grade calculation) / 우측의 옵션 선택
>
> - 전체 성적 없음(No overall Grade)
>
> - 총점(Total points)
>
> - 카테고리별 가중치 적용(Weighed by categories)

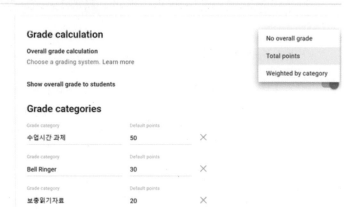

(1) No overall 성적(Grade): 과제를 점수로 반영하지 않을 때

(2) Total points: 영역별 총점을 제시할 때

(3) Weighed by categories: 영역별 점수를 비중을 달리해서 반영하고 싶을 때

대부분의 수행평가는 한 평가 영역 내에서도 채점 기준이 다를 수 있다. 예를 들면, 구글클래스룸 과제 평가 영역에서도 클래스룸 과제 제출 여부, Bell Ringer 참여 정도, 보충읽기 자료 댓글 달기로 나누어 비중을 달리해서 점수를 산출할 수 있다.

2) 성적 카테고리(Grade Category) 만들기

★ 영역별 점수 반영 비율을 달리하는 방법

> 1) 클래스룸 / 성적(Grade) / 설정 / 성적 계산(Grade calculation) / 우측의 옵션 선택에서 "카테고리별 가중치 적용(Weighed by categories)" 선택
> 2) 하단의 성적 카테고리(Grade categories) / 성적 카테고리 추가(Add Grade category) 선택
> 3) 영역과 비율 입력 (이때, 영역별 합이 100이 되어야 저장 가능)
> ※ 영역을 추가하고 싶을 경우 1)과 2)의 과정 반복
> 이미 제시한 과제의 경우
> 4) 설정 후 클래스룸 / 수업(Classwork) / 이미 제시한 과제 선택 / 우측의 3개의 세로 점 클릭 / Edit / 안내사항(instruction) 아래의 성적 카테고리(Grade category) / 평가 영역 선택

새로운 과제를 제시할 때는 성적(Grade) 카테고리 선택 후 저장한다.

3) 학생이 점수 확인하는 방법

교사의 성적(Grade) 설정 방식에 따라 학생들에게 보이는 점수 확인 방법
은 달라진다. 다음은 총점 확인 화면이다.

① 총점 확인: 클래스룸 / 수업 / 내 과제 보기 / 우측의 총점

② 과제별 확인: 클래스룸 / 수업 / 과제 클릭

15. 제출받은 구글문서 과제에 피드백하기

제출된 과제물에 대해 수치화된 점수를 부여할 수 있다. 수행평가에 객관적인 점수를 반영하기 위해서는 평가계획에 철저히 정량화된 점수만이 채점기준에 제시할 수밖에 없을 것이다. 수치화된 점수는 학생들이 학습의 과정보다 결과에 초점을 두게 한다. 그렇다고 불필요하다는 말이 아니다. 아직까지 내신성적에 따라 치열하게 등급이 결정되는 학생들을 위해서는 보다 공정하게, 가능한 객관적으로 학생평가를 실시하는 것이 중요하다. 그러나 학습활동 과정에서 기울인 노력, 열심히 노력해서 성장해 가는 모습, 완벽하지 않지만 최선을 다하려고 했던 순간과 같은 것들은 점수가 보여주지 못한다. 사실은 그러한 과정이 잘 이루어지고, 기록하고 관리할 수 있다면 학기말 교과세부능력특기사항을 입력하는 일이 크게 부담스럽지 않을 것이다. 아마 학생들의 활동 모습이 머릿속에 그려지면서 즐겁게 작성 할 수 있을 것이라 확신한다.

만약 교사가 학습 활동 과정에서 서술형 피드백을 제공한다면 학생들은 학습 그 자체에 더 비중을 두고 활동에 임할 것이다. 아마 유의미한 피드백을 제공하기 위해 시도해 본 선생님들이 있을 것이다. 아마도 파일 더미를 일일이 체크하고 확인하고 서술형으로 무엇인가를 도움이 되게 써주려고 했지만 실제로는 예쁜 도장으로 쾅 찍어주는 일이 최선이지 않았을까, 하고 조심스럽게 생각해본다. 실제 내 모습이기도 했다.

구글클래스룸은 이러한 어려운 점을 해결해주고 우리가 언제 어디서나 학생들과 소통하며 피드백을 주고받을 수 있도록 도와준다. 학생들의 학습에 도움을 주고 방향을 제시해 주면서 의미 있는 배움으로 더욱 성장해 나갈 수 있도록 학습 활동 과정에서 피드백을 주기가 더 쉽다.

1) 구글문서로 제출한 과제에 비공개 피드백하는 방법

가. 과제를 클릭한다.

나. 학생 또는 모둠의 이름을 클릭한다.

다. 피드백을 제공하거나 '비공개 댓글(private comments)'을 클릭하고 피드백을 제공한다.

2) 구글문서로 제출한 과제에 공개 피드백하는 방법

화면 중앙의 ⓐ+버튼 클릭 후 피드백 내용을 ⓑ에 입력한다.

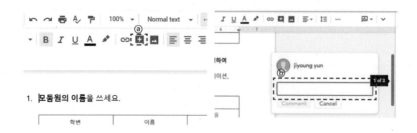

3) 문서에 의견과 같은 피드백 제시하는 방법

우측 상단의 모양을 클릭하면 세 가지 모드 옵션이 보인다.

가. 수정(Editing): 학생들의 문서를 직접 교사가 수정할 수 있다.

나. 제안(Suggesting): 포스트잇이 등장해서 학생들에게 문서 내용에 대한 의견을 제시

할 수 있다. 학생들은 확인하고 받아들일지 여부를 결정해서 반영할 수 있다.

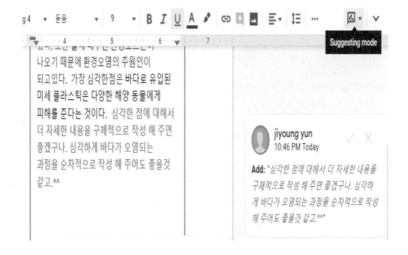

4) 과제의 댓글에 피드백하는 방법

가. 클래스룸의 과제를 클릭한다.

나. 우측의 학생 이름을 클릭한다.

다. 내용 확인 후 Reply(답장)를 클릭하고 피드백을 제공하거나 'Private comments'를
   클릭하고 학생 개인에게만 보내는 피드백을 제공한다.

* 테블릿을 이용하는 경우, 우측의 학생 답변을 왼쪽으로 밀면 다음 학생의 답이 나오므로 코멘트를 달
   기 훨씬 쉽다.

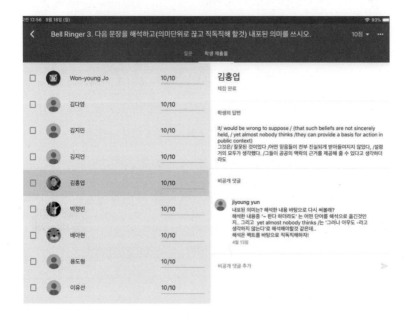

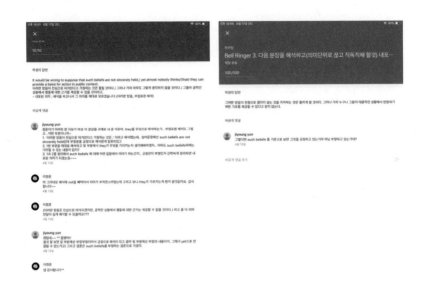

5) 진행 중에 있는 제출 전 과제에 피드백하기

피드백을 반드시 제출된 과제에만 할 필요는 없다. 만약 활동 과정 중에 있는 학생들에게 제출 전에 피드백을 줄 수 있다면 어떨까? 완성도 높은 과제를 제출하기 위해 심혈을 기울이고 있을 과제 제출 전 받을 수 있는 교사의 도움은 학생들에게 결과보다 과정의 중요성을 깨닫게 해 주지 않을까?

구글클래스룸에서는 가능한 일이다.

가. 클래스룸에서 과제 제목을 클릭하고

나. 학생의 이름을 클릭 후 첨부 파일을 클릭한다.

다. 내용 확인 후 필요한 코멘트를 입력한다.

라. 학생들이 올린 많은 문서를 일일이 열고 피드백을 할 때는 단축키를 활용한다.

　코멘트 창 열기: Ctrl+Shift+M/ 저장하기: Ctrl+Enter/ 문서 닫기: Ctrl+W

16. 구글클래스룸 루브릭으로 채점기준 만들고 채점하기

학생들이 제출한 과제물을 분석적으로 평가하고 싶다. 먼저 루브릭을 구글 시트로 만드는 일부터 시작해서 상당한 수고가 요구된다. 그러나 최근 구글 에서 루브릭 기능을 새롭게 보완했다. 먼저 어떻게 사용하는지 살펴보자.

루브릭 기능은 수업(Classwork)의 과제(Assignment)에서만 활성화된다. 작 성된 문서 내용을 가지고 분석적 평가를 하기 때문이다. 따라서, 구글문서 나 구글 슬라이드로 작성하여 제출된 과제는 모두 구글 내에서 루브릭을 기준으로 채점이 아주 쉽게 가능해졌다.

루브릭 기능은 현재 모바일에서는 사용이 불가능하다.

1) 루브릭이 첨부된 과제 제시하기

(1) 하단의 + Create rubric을 클릭하고 해당 과제에 적용할 루브릭을 작성한다.

구글클래스룸 / Classwork / + Create / Assignment /

과제 제목 입력 / 안내사항(Instruction)으로 이동 / 하단의 + Create rubric

---

(2) +버튼을 클릭하면 계속 점수를 더 삽입한다.

설명(Description) 부분을 성취기준을 참고하여 더 자세히 작성해 놓는다면 나중에 피드백을 받는 학생에게도 더 유의미한 정보를 제공해 줄 수 있고 더불어 교과세특 작성시에도 유용한 정보로 활용하여 개별화되고 차별화된 교과세특을 작성할 수 있다.

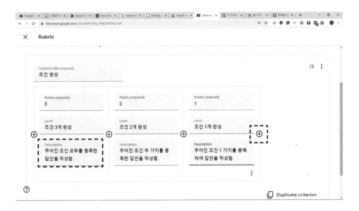

(3) 분석적 채점시 채점 기준이 한 가지로는 부족하다.

기준 복사(Duplicate Criterion)를 클릭하면 채점 기준을 추가할 수 있다.

(4) 필요한 내용을 모두 입력한 후 저장하면 다음과 같이 과제가 제시된다. 중앙의

　　Rubric 부분을 클릭하면 작성한 루브릭을 볼 수 있고 편집 가능하다.

2) 제출된 과제물 채점

과제 클릭 / 학생 제출물(Student work) 클릭

(1) 좌측은 과제 안내(Instruction) 우측은 제출된 학생 제출물(Student work) 확인 화

　　면이다. 채점할 때는 우측 화면에서 시작한다.

(2) 좌측의 학생 이름 옆의 점수 입력란을 클릭하면 우측과 같은 화면이 뜬다. 하단의
성적(Grade) rubric를 클릭한다.

(3) 내용을 확인하면서 우측에 채점 영역별 점수를 주고 필요시 코멘트를 남긴다. 저장
후 상단의 Return 버튼을 누르면 학생들이 본인의 점수를 확인할 수 있다.

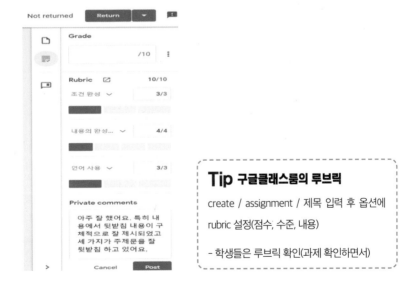

Tip **구글클래스룸의 루브릭**

create / assignment / 제목 입력 후 옵션에
rubric 설정(점수, 수준, 내용)

- 학생들은 루브릭 확인(과제 확인하면서)

17. 구글폼을 활용한 동료평가 그리고 수업 활동평가

1) 구글 폼을 활용하여 동료 평가 및 자기평가 과제 제시

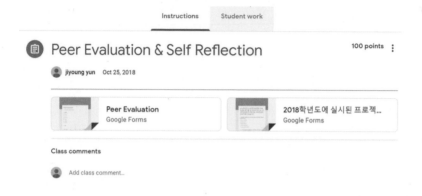

(1) 동료평가

동료평가 내용을 구글 폼으로 작성하고 이를 게시한다. 반드시 모둠을 구분해서 평가하게 해야 한다. 결과를 다운로드하게 되면 모둠별로 각 평가 내용에 대한 결과를 통계낼 수 있다. 점수의 급간을 5간 척도로 해 보았다. 그런데 학생들 입장에서 평가하기 어려워 하는 듯 보였다. 그래서 단순하게 '보통이다'를 2점으로 설정하고 더 잘하면 3점, 부족하면 1점을 주도록 하면 평가하기 쉽다.

★ 구글 폼을 활용 동료 평가 및 자기평가

> 구글 폼 열기 / 평가 문항 작성 / 파일명 수정 / URL 복사
> 구글클래스룸 열기 / 수업(Classwork) / + 만들기(Create) / 과제(Assignment)

(2) 수업활동 평가

프로젝트 수업을 하고 난 후 활동에 대한 평가도 잊을 수 없다. 수업활동에 대한 평가는 다음 활동을 구성하기 전 대단히 중요한 정보다. 종이 평가를 받는 경우에 사실 통계를 낸다는 건 쉽지 않은 일이다. 이를 구글 폼을 활용한 평가로 대체하면 별도로 통계를 낼 필요도 없고 실시

간으로 학생들의 반응을 엿볼 수 있다. 게다가, 디지털에 익숙한 학생들은 종이평가보다 더 성의 있는 정보를 주기도 한다.

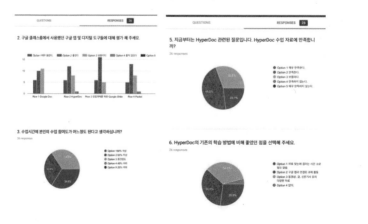

18. 배움과 성장을 돕는 Digital 평가

2015 개정 교육과정의 핵심중 하나인 과정평가를 내실있게 실시하기 위해 교사들에게 가장 필요한 것은 무엇일까? 평가 방법적 측면도 고민이지만 신뢰도 높은 평가기준과 평가 결과를 누적해서 관리하는 것 또한 큰 부담 중 하나일 것이다. 따라서 본 과제에서는 학생의 입장에서는 배움과 성장을 도울 수 있는 과정평가를 실시하고 교사의 입장에서는 객관적인 평가 방법과 평가 결과를 편리하게 누적할 수 있는 방법을 구안해서 이를 바탕으로 생기부를 의미있게 기록할 수 있도록 하고자 한다.

수업단계	디지털 도구	활동 방법	평가 방법
복습	Kahoot	소통, 협업, 개별	정량평가
모둠활동	Socrative, Quizlet, Google Doc	개별학습, 토의·토론, 협업	정성평가
활동결과 공유	Padlet	소통, 발표	정성평가
형성평가	Quizizz, Google Form	개별, 모둠	정량평가
과제 제시	Readworks	개별	정성/정량평가

1) Google Form 활용 평가

(1) 자기평가

모든 활동 후 활동 참여도를 기준으로 자기평가를 하게 하여 수업 활동에 대한 구체적 의견을 수렴한 후 교사의 수업에 대한 피드백으로 활용하기도 하고 각자 자신의 수업 참여도에 대한 평가를 내리고 프로젝트 활동 전반에 대해 돌아보게 하고 향후 계획을 세워보게 하였다. 바로 통계가 나와서 한눈에 학생들이 얼마나 수업에 열심히 참여했다고 스스로 느끼는지 확인이 가능하고 다양한 의견을 한 데 모아 볼 수 있어서 좋은 평가 방법이다.

평가지   평가 결과

(2) 동료 평가

활동의 결과를 공유하면서 동료 평가를 하는 것은 여러모로 의미가 있다. 동료평가지를 작성하여 활용한 적이 있었는데 모둠별 점수를 합산하는 일은 또 하나의 부담이어서 결과를 정리하는 데 많은 시간이 소요되거나 미루게 되는 경우가 많았다. 따라서 평가 결과를 쉽게 누적할 수 있는 방법으로 구글 폼을 사용하였더니 학생들도 활동하면서 바로 평가 참여가 가능했고 교사는 따로 점수를 합산하느라 시간을 소비할 필요가 사라졌다. 절약한 시간을 교사는 교수학습 방법 연구에 더 쏟아서 학생중심의 수업을 구안할 수 있다.

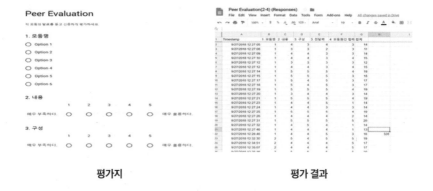

평가지

평가 결과

2) 수업 활동 과정 평가

(1) Padlet

온라인 'Post it'으로 이해되는 Padlet은 수업의 다양한 단계에서 의미있게 사용이 가능하다. 'Online-Portfolio'로서 훌륭한 과정평가 도구로 활용할 수 있는 유용한 앱이다.

읽기자료에 대한 느낌 공유

평가 결과 저장 방법

가) 적용 사례

① 그날의 학습 주제에 관한 떠오르는 생각을 실시간 공유.

② 과제로 읽기 자료에 대한 느낀 점을 작성하게 한 후 공유.

③ 수업 정리 단계에서 학습 내용을 정리하거나, 더 알고 싶은 점 나누기.

④ 발표 활동 후 자료 공유하고 댓글달기.

(2) Socrative

'OX퀴즈를 세련되게 확인할 수 있는 방법이 있을까?', '학생들의 정답을 한 화면에 동시에 함께 공유할 수 있을까?'하는 고민을 해결해준 평가 방법이다.

가) 적용 사례

① 복습활동에서 지난 시간에 배운 내용 확인.

② 수업의 본시 활동 중 모둠활동에서 토의 토론한 후 결과를 온라인으로 제출하고 함께 공유.

③ 학습한 내용을 수업 종료 5분 전 형성평가.

나) 유용한 점

① 화이트보드나 OX카드가 없이 온라인으로 학생들의 정답 확인 및 공유 가능.

② OX, 단답형, 선택형 세 가지 유형으로 질문을 구성할 수 있어서 형성평가나 복습 확인으로 유용.

③ 모둠별 평가뿐만 아니라 개별로 로그인하여 답안을 제출하게 하면

개인별 평가 방법으로도 유용하며 학생들의 학습에 대한 이해도 정도를 한눈에 확인할 수 있어 유의미한 피드백 제공.

④ 모든 평가 결과표는 리포트로 바로 저장이 되어 과정평가 반영에 용이.

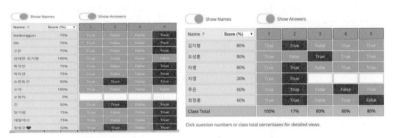

개별평가 결과   모둠평가 결과

3) 온라인 형성평가

온라인 형성평가는 교사에게는 결과 분석이 용이하고 채점이 불필요하므로 굉장한 편리함을 제공한다. 종이평가가 아니라 온라인으로 게임 요소를 가미한 평가 방식이다. 학생들도 좀 더 평가에 대한 부담은 낮추고 즐거운 마음으로 학습에 참여할 수 있다는 점이 최대 장점이다. 더불어 모든 평가는 바로바로 리포트로 결과가 저장이 되고 분석이 된다는 점에서 유용한 디지털 평가 방법이다.

(1) Kahoot.com

가) 적용 사례

① 거꾸로 수업의 일환으로 읽기 자료를 과제로 내주고 읽기 활동 확인은 수업 시작 10분을 활용하여 게임으로 진행.

② 매 퀴즈마다 정답과 오답에 대한 설명을 하게 하고 발표 내용 기록하여 생기부 기록에 반영.

③ 개별로 게임에 참여할 수도 있고 모둠별로 참여 가능함. 모둠별로 참여하게 하면 정답을 선택하기 전 서로 의논을 하게 되고, 의논과정에서 의견이 다를 경우 자연스럽게 토의 및 토론 활동이 이어짐.

나) 유용한 점

① 우승자가 되기 위해서는 정답뿐만 아니라 스피드가 필요한 게임식 평가 방법이고 제한된 시간이 주어져 있어서 스릴감을 즐기며 활동에 적극적으로 참여하게 됨.

② 즐겁게 게임식 평가에 참여하면서도 평가 결과가 리포트로 저장이 되는데 전체적 학급 결과 분석, 총점 순위, 문항별 분석 리포트를 자동적으로 산출해 주어서 학생들의 과제 활동 결과를 분석하고 특히 문항별 분석 자료가 효과적임.

sticky fingers									
Question Summary									
Rank	Players	Total Score (points)	Q1	Which ingredient makes a chocolate bar	Q2	What does the fair trade movement aim to fix?	Q3	Which issue is not related to the fair trade movement?	Q4
1	재재정정	4185	848	cocoa	857	to fix poor working conditions on farms	852	reasonable price	0
2	박해담	4006	838	cocoa	881	to fix poor working conditions on farms	0	sustainable development	733
3	미수	3212	656	cocoa	961	to fix poor working conditions on farms	0	sustainable development	0
4	경훈	2588	863	cocoa	876	to fix poor working conditions on farms	0	sustainable development	0
5	예빈	2314	848	cocoa	0	to change the economic system of Africa	0	living and working condition	0
6	동	2152	583	cocoa	831	to fix poor working conditions on farms	0	sustainable development	0
7	윤현재	2096	0	sugar	785	to fix poor working conditions on farms	0	living and working condition	0
8	윤수소정	2081	0	cocoa	747	to fix poor working conditions on farms	0	living and working condition	751
9	유미	1706	816	cocoa	0	to change the economic system of Africa	0	sustainable development	0
10	대수빈L	1705	816	cocoa	859	to fix poor working conditions on farms	0	sustainable development	0
11	다연	1665	804	cocoa	861	to fix poor working conditions on farms	0	living and working condition	0

평가 결과

(2) Quizizz.com

Kahoot은 정말 재밌는 게임식 평가도구이지만 한 가지 단점은 구성할 수 있는 문항과 선택지의 길이에 제한이 있다. 그 단점을 보완할 수 있는 방법이 Quizizz이다.

가) 적용 사례

① 수업 종료 전 학습을 마무리하면서 학생들의 학습 목표 달성 여부를 확인하는 형성평가.

나) 유용한 점

① 수업 종료 전 형성평가로 실시하게 되면 학생들이 수업시간 학습 내용과 활동 참여도가 높아짐.

활동모습

② Kahoot에 비해 문항과 선택지의 길이에 제한이 없어서 고등학교 수능형 문제풀이에도 효과적임.

③ Kahoot처럼 경쟁적 요소는 없어서 재미가 덜 할 수도 있지만 보다 편안한 분위기에서 자신의 학습 정도를 평가하는 활동에 참여하게 됨.

평가결과

미국의 중고등학교에서 활용되고 있는 사이트로서 다양한 주제에 관한 읽기 자료를 수업자료로 활용이 가능하고 특히, 구글클래스룸과 연동이 가능해서 학습 관리가 용이하다.

가) 적용 사례

① 프로젝트 활동 중 읽기자료로 활용하고 연관 퀴즈로 평가.

② 거꾸로 수업의 일환으로 'Out of Class Reading'자료로 활용하고 연관 퀴즈와 서술형 문항 평가.

나) 유용한 점

① 미국 현지 학교에서 활용하고 있는 사이트로 진정성 있는 Readworks. org 읽기 자료의 접근이 가능.

② e-book도 함께 제시되어 독서활동 연계 가능.

③ 평가 결과가 누적이 되어 학생들의 읽기 활동 진척도 분석 가능.

19. 구글 시트로 점수 불러와서 수행평가 반영하기

구글클래스룸을 통해 학생이 중심이 되는 수업을 진행하고 다양한 과제와 루브릭을 활용해 평가를 실시한 후에는 누적된 결과를 종합하여 평가에 반영하는 일만 남았다.

가. 누적된 점수를 구글 시트로 불러오기.

나. 구글 시트를 활용해 종합한 점수 반영하기만 하면 된다.

먼저 누적해 놓은 점수를 다운로드 하는 방법부터 알아보자.

1) 반별 전체 학생의 점수 현황 보기

구글클래스룸 화면 상단에서 가장 우측의 성적(Grade) 클릭하면 전체 학생의 점수를 확인할 수 있고 점수를 수정하거나 새롭게 부여할 수도 있다.

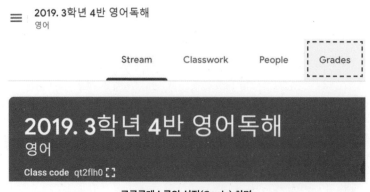

구글클래스룸의 성적(Grade) 화면

가. 누적된 점수 구글 시트로 다운 받기

① 제시했던 과제중 한 과제를 클릭.

② 우측의 톱니바퀴 클릭 '모든 성적을 구글 스프레드 시트에 복사하기(Copy all 성적(Grades to Google Sheets) 선택.

③ 다운 받은 구글 시트 편집 (파일명, 셀, 서식 등).

과제 클릭

톱니바퀴 클릭 후 다운 양식 선택

다운 받은 구글 시트는 복사해서 엑셀에서 편집이 가능하다. 엑셀 사용이 익숙하신 분들은 굳이 구글 시트에서의 작업 할 필요는 없다. 대부분의 기능이 엑셀과 비슷해서 크게 어려울 것 같지는 않으나 시간이 없는 상황에서는 익숙한 엑셀 사용이 더 나을 것 같기도 하다.

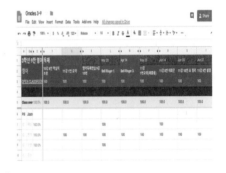

톱니바퀴 클릭 후 다운 양식 선택

나. 구글 시트 편집시 유용한 팁

수행평가 점수반응을 위한 통계를 계산하기 위해 필요한 기능키를 살펴

보겠다. 구글 시트의 기능키는 아래 사진의 우측의 '···'을 클릭한 후 'Σ'를 클릭하면 보는 것과 같이 기능키 목록 전체가 나타난다. 엑셀보다 편한 점 도 있는 것 같아 소개한다.

구글 시트의 기능키

학생들은 수행평가 최종 점수를 확인한다. 내신에 예민할 수밖에 없는 학생들은 왜 그렇게 점수가 나왔는지 확인을 원한다. 전체의 10%의 차지 하는 수행 평가 한 영역에서 99점을 받은 학생이 있었다. 환산점으로 계 산하면 결국 100점과는 0.1점 차이다. 그러나 의문을 품고 확인을 요구했 다. 수행평가 점수 계산을 위해 구글 시트로 다운받아 놓은 점수표는 학생 들에게 말로 대신할 수 없는 큰 신뢰를 제공했다. 약간 쓸쓸했지만 그래도 구글로 평가하고 다운받아 놓은 누적 점수표가 있어서 신뢰를 잃지 않을 수 있었다.

일일이 체크하고 메모해서 점수를 누적하는 것 또한 신뢰를 줄 수 있는 방법이다. 그러나 간혹 점수표를 잃어버리거나 매번 활동 결과를 확인하고 점수를 수기로 기록하여 누적하는 일은 적지 않은 부담이다. 구글클래스룸으로 수업 활동을 하고 과제를 내고 온라인으로 루브릭을 활용해 점수를 줬더니 정말 깔끔하고도 정확한 수행평가 점수가 산출되었다. 밀리지 않고 그때그때 처리할 수 있었다는 것만으로도 충분히 감사한 일이었다.

다. 구글클래스룸의 '성적(Grade)'으로 학생들 활동 및 평가 결과 한 눈에 보기

활동에 대한 점수를 주지만 간혹 누락되는 경우가 생길 수 있다. 사람이 하는 일이니까 그렇다. 그래서 종종 확인이 필요하다.

이때, 만약에 누락되어 미처 점수를 주지 못한 학생이 있는지 여부는 "성적(Grade)"에서 일괄로 확인할 수 있다. 일일이 과제를 열지 않아도 제출여부도 확인할 수 있어 아직 제출하지 않은 한눈에 파악하고 학생들에게 재공지할 수 있다. 또한, 점수를 수정하거나 점수를 추가 부여할 수도 있다.

성적(Grade) 화면

여기서 부여한 점수가 과제별 점수에 그대로 반영이 되고 결과를 다운 받았을 때 수정된 점수가 반영이 되니 할 일은 점수 반영 후 다시 점수표를 다운 받기만 하면 된다.

20. 구글클래스룸 수업활동과 평가 내용 생기부에 기록해주기

1) 수업 활동했던 구글클래스룸 열어서 학생들이 학습 활동 기록 참고하기

2) 수행평가 기록표를 열어서 세부 영역별 우수한 점수를 얻은
학생들의 기록 참고하기

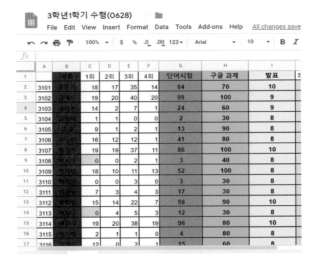

★ 구글클래스룸에서 평가 결과 불러오기

클래스룸의 '성적(Grade)'을 클릭하면 다음과 같은 표로 학생들의 과제 평가 결과가 한눈에 보이게 정리되어 있다.

> Classwork / 과제 선택 / ⚙️ 클릭 / 다운로드

수업(Classwork)에서 과제를 클릭 후 우측 상단의 'Copy all 성적(Grades)'을 선택하면 평가 결과가 구글 시트로 다운로드된다.

구글 드라이브에서 자료를 선택한 후 파일명을 바꾸고 편집해서 점수를 통계내어 사용하면 된다.

Ⅲ

디지털 앱 "Best 6" 수업에 적용하기

활용 단계	디지털 앱	활동 방법
모둠활동	Socrative	개별학습, 토의·토론, 협업
활동 결과 공유	Padlet	의견 공유, Exit Ticket
복습	Kahoot	모둠별 퀴즈
형성평가	Quizizz	개별 형성평가
수업	Edpuzzle	질문이 포함된 동영상 활용 활동
과제	Khan Academy	동영상 활용을 통한 거꾸로 수업

요즘 학생들은 정보의 홍수 시대에 살아가면서 넘쳐나는 정보에의 접근성은 높아졌지만 정작 어떠한 자료가 더 양질의 자료인지를 알아보고 선택해야 하는지 어려움을 겪고 있다. 학습에 활용 가능한 앱은 많지만 그 중에서 무엇이 더 효율적인지에 대한 판단을 하는 것은 참 어려운 일이다. 교사들도 마찬가지 상황이다. 수업에 적용가능한 다양한 웹 사이트와 수많은 교육용 앱 들이 있지만 그 중에서 어느 것을 선택해서 적용해야 할지 어렵고 막상 적용해 보려고 하면 쉽지 않아서 포기하게 된다.

미국 위스콘신 주에서 열린 미네테솔(MinneTesol)의 다양한 세션에서 수업 활용 가능 자료를 소개해 주었다. 그 세션에만 사람들이 몰려서 자리가 부족해 바닥에 앉아서 연수를 듣는 사람들까지 포함해서 교실 안이 꽉 찼다. 하나씩 어떻게 사용하는지와 실제 적용 사례를 보여주는데 아마 노트북이 없었다면 다 받아 적지 못했을 것이다. 하나도 놓치고 싶지 않을만큼 새롭고도 적용해보고 싶은 자료가 너무 많았기 때문에 짧은 연수 시간이 야속할 정도였다. 그중에 몇 가지를 꼭 수업에 활용해 보기로 다짐하고 2박 3일 연수 후 기숙사로 돌아와서 잊어버리기 전에 계정에도 가입하고 실제 활용해 보았다. 모든 클래스의 시험 학생은 나의 두 아이들이었다. 반을 개설하고 아이들을 초대해서 만들어둔 과제를 주고 제출하게 하거나, 혹은 아이들의 아이디로 들어가서 학생들 입장에서는 어떻게 화면이 보이고 교사화면과는 다른점이 무엇인지를 비교해 가며 나중에 학생들이 쉽게 수업에 참여할 수 있도록 하는 것에 중점을 두고 보고는 했다. 미국에 있는 엄마가 한국에 있는 아이들 관리도 가능하게 해 주는 것이 구글클래스룸

이고 그 안에서 재미있는 활동을 가능하게 해주는 것이 구글앱의 다양한 학습 관련 앱이다. 이 점만 봐도 꼭 교사가 아니어도 엄마표 영어나 학원에 보내지 않고 부모님이 집에서 아이들 학습을 관리하는 경우에는 엄마가 운영하는 학습관리 프로그램으로서도 구글은 너무나 훌륭한 도구임에 틀림없다.

엄마표 영어 구글클래스룸

모든 앱이나 웹사이트를 교실수업에 활용하는 경우, 교사는 반드시 학생 계정으로 로그인해서 학생들이 보게 될 화면과 기능에 대해서도 이해하고 있어야 한다. 그리고 수업시간 적용 전에 시연해 보고 수업에 들어가야 한다. 한 번이 아니라 적어도 두세 번 정도는 필요하다. 그래서 수업시간에 문제가 생겨서 아이들이 혼란스럽고 수업시간이 지체되는 경우가 생겨서는 안 된다. 당연한 이야기라고 할 수 있지만 학생들 앞에 섰을 때 우리 교

사들은 적어도 가르침에 있어서만큼은 부족함이 없어야 하고 완벽할 수는 없겠지만 사전 준비를 철저히 하기 위해 최선을 다하는 모습이 더 중요한 가르침이 될 수 있다. 의도한 교육과정도 있지만, 의도하지 않은 상황에서 아이들이 배우게 되는 잠재적 교육과정이 바로 그것일 것이다.

미국의 EdTech 연수에서 노트북을 펼치고 열심히 메모를 해서 적용해 보리라고 다짐을 했음에도 학교 현장에 돌아와서 다시 열어보니 이해가 되지 않는 부분은 한두 곳이 아니었다. 몇 번을 시도하다가 포기하기 직전 혹시나 하고 유튜브에 검색을 해 보았다. 'How to use google classroom in class'을 검색하자 상당히 많은 동영상 목록이 보였다. 그때부터 유튜브 덕후가 되어서 궁금한 많은 것들을 'How to use google doc in class', 'How to use padlet'처럼 검색했고 바로 적용해 보았다. 딸아이가 유튜브를 열심히 시청하는 것을 보고 유튜브에 뭐 별것이 있을까? 생각했다. 내가 수업을 위해 활용했던 유튜브는 팝송을 가르치기 위해 노래를 검색하거나, 교과서 본문과 관련된 배경지식이 될 만한 영상을 찾는 정도였다. 그래서 정말 혹시나 하는 마음으로 이런 것도 있을까? 해서 검색해 보았는데 미국 교사들이 짧게는 2분에서 길게는 약 한 시간 정도의 수업 실천 사례를 자유롭고도 자연스럽게 나누는 영상이 많이 검색되었다. 자연스러운 수업 나눔이란 이런 것이 아닐까 하고 생각했다. 50분 수업 영상 혹은 그 수업을 15분 정도로 요약한 수업 영상만이 우리가 교육정보원이나 에듀넷 같은 곳에서 볼 수 있는 수업사례의 대부분이고 수업의 한 장면 중심으로 사례를 설명하고 있는 미국 선생님들의 모습이 참 새롭게 다가왔다. 우리는 너무 형식에 얽매어 있다는 생각과 함께 그 틀을 조금만 벗어나서 관점을 달리하면 진정한 수업 나눔이 이루어질 수 있을 거라는 생각이다.

혹시 여기서 소개한 설명이 충분하지 않다면 유튜브 검색을 권한다. 아직까지는 대부분의 자료가 외국의 사례들이고 그래서 언어도 영어로 되어 있다. 필자는 전공이 영어라서 오히려 신나게 이어팟을 꽂고 유튜브 덕후처럼 지냈지만 혹시 영어 동영상이 부담스러운 분들을 위해 필자가 사용법을 유튜브에 지속적으로 탑재해 나갈 생각이다.

구독중인 유튜브 채널

한꺼번에 여러 가지를 적용해 보려고 욕심을 내니 디지털이 내 수업을 압도하는 느낌이 들었다. 항상 디지털 앱 활용 수업을 계획하면서 가장 중요하다고 생각하는 것은 절대로 테크놀리지가 수업을 압도해서는 안된다는 사실이다. 테크놀리지는 그저 수업을 더 활기차게 해주고 학생들이 보다 수업에 즐겁게 참여하게 도와주고, 교사의 소리보다 학생들의 소리가 더 많이 흘러나오는 학생중심의 활동중심 수업을 돕는 보조 자료가 되어야 한다. 그래서 학교에서 우선 수업에 적용이 쉬우면서 효과는 좋았던 앱 열 가지만 뽑아서 소개하려고 한다. 화려한 쇼와 같은 보여주기식 수업을 위해서가 아니라 학생들과 함께 소통하며 학생들이 중심이 되는 수업을 위해 마법소스처럼 하나씩 적용해 보실 것을 권한다.

참고로, 클래스 카드를 제외한 나머지 앱들은 영어를 기본으로 한다. 마우스 오른쪽을 클릭하고 '한국어로 번역'을 선택하면 화면이 모두 한국어로 번역되어 나타난다. 그런데 어색하게 번역이 되는 경우가 많아서 이곳에서는 영어를 먼저 쓰고 필요한 경우에만 괄호 안에 한국어 번역을 동시 표기하도록 하겠다. 또한, 유료 서비스에 가입하면 더 다양한 앱 기능을 활용할 수 있다. 그러나 여기서는 무료로 가능한 정도(실제 내가 사용하고 있는)만 소개하고자 한다. 앱 개발자가 될 것도 아니고 한 가지 앱만 주구장창 사용할 것도 아니므로 각 앱에 대한 깊은 이해보다는 수업시간에 '쉽고 간단하게 딱 활용하기 좋은 정도'까지만 이야기 하고자 한다. 그게 바로 교실수업의 소확행이 될테니까.

1. 학생들의 이해도 확인이 즉각적으로 가능하다!
수업의 강약 조절을 위한 "Socrative"

소크라티브 앱을 알게 된 것은 2016년 해남고등학교에서 교내 공개수업을 준비할 때다. 고등학교 3학년 수업을 해 왔고 학생들에게 생각하는 힘을 길러주고 싶다는 생각으로 수능연계 지문을 변형해서 학습지로 제작해서 수업에 활용했다. 예를 들면, 글의 순서, 흐름상 적절하게 사용되지 않은 어휘, 연결사 등의 문제로 변형해서 사용하고 정답을 확인한 후 나름의 미니 하브루타라고 생각되는 방식의 수업을 진행했다. 별다른 기술이 필요하지는 않았고 사전에 지문을 먼저 분석하고 적절한 유형의 문제를 바꾸어서 수업시간에 활용했다. 정답확인은 손을 들어서 했다. OX퀴즈의 경우 "자~ ①이 맞다고 생각하는 사람!" 선다형 문항의 경우 "자~ 손가락 정답! 모두 손가락을 모두 펴고 5번을 먼저 표시합니다. 선생님이 하나, 둘, 셋! 하면 본인이 선택한 정답을 손가락으로 표시합니다~ 하나, 둘, 셋!" 단답형 문제의 경우 한 모둠씩 정답을 칠판에 쓰게 하고 함께 공유했다.

공개수업이라도 평소와 같은 방식으로 하면 되지, 라고 생각했다. 그런데 공개수업 하루 전날, 명목이 "교내 좋은수업실천연구"라고 하는데 내 수업을 참관하는 분들이 무엇이 되었든 한 가지는 얻어 가야 하지 않을까? 하는 생각이 들었다. 그 부분을 모둠토의 후 모둠별 정답체크로 두고 싶었다. '한 번에 쫙~ 하고 정답을 확인하고 모둠별 정답을 비교하는 방법은 없을까?' O, X가 적힌 나무 스틱을 나누어 줄까도 생각했으나 한 지문에서 다섯 개 정도의 OX퀴즈 정답을 한꺼번에 확인하고 비교하기에는 무리였다. '전지에 칸을 나누고 칠판에 부착한 후 모둠별로 정답을 체크하게 할까?' 생각하고 전지에 그려보았다. 내가 생각했던 모든 정답을 모둠별, 문항별 비교가 가능했지만 조금은 뒤떨어진 방식이라는 생각이 들었다. 10 년전의 공개수업 때 사용했던 차트 같다는 생각에 결코 좋은 방법이 아닌 것 같았다. 그래서 이번에는 검색을 해 보았다. 'OX퀴즈 정답 세련되게 확인하는 법' 검색결과를 보다가 오아시스처럼 발견한 것이 소크라티브다. 누군가가 연수 때 사용했던 사례를 올려준 것이다. 그때부터 지금까지 수업에 매우 효율적으로 사용하고 있는 '애정하는' 앱이다.

BEFORE CLASS

1) 계정 로그인

https://socrative.com메인화면에서 교사로그인을 클릭한다. 소크라티브 용 계정을 만들어도 되지만 구글 계정이 있는 경우, 하단의 sign in with Google(Google로 로그인)하면 된다. 여기에서 앞으로 소개할 앱의 대부분은 구글 계정으로 로그인이 가능해서 사이트별 계정을 만들 필요는 없다. 구글 계정을 자주 쓰지 않는 분들은 계정과 비번을 따로 메모해 두는 것도 좋을 것이다.

2) Room 만들기

Rooms를 클릭하고 +ADD ROOM 클릭해서 방명을 쓴다. 이때, 동일한 방명이 만들어지지 않기 때문에 익숙한 문자의 조합으로는 쉽게 방이 개설

되지 않는다. 내 소크라티브 방 이름은 'ABCDEFG114'와 'HAENAMYUN'
이다.

3) 퀴즈 만들기

퀴즈는 사전에 만들어 놓을 수도 있고 복잡하지 않은 문제는 교실 수업
을 하는 중간에 필요에 따라 만들어 사용할 수 있다. 한 번 만들어 놓은
문제는 삭제하지 않는 한 계속 재사용이 가능하다.

> Quizzes 클릭 / Add Quiz / Create New / 퀴즈 제목 입력 / 퀴즈 입력(Multiple choice(5
> 지선다), True/False(진위형), Short Answer(단답형)

각 퀴즈 유형마다 선택지 구성만 다르고 모든 방식은 동일하다. 문제 출
제 완료 후 SAVE AND EXIT.

Tip 학생용 앱 다운로드 안내

소크라티브는 교사의 퀴즈 만드는 작업은 PC로 하는 것이 훨씬 수월하다. 앱 스토어에 소크라
티브 학생용과 교사용이 따로 있다. 교사는 교사용을 다운받아 사용하고 학생들은 학생용 앱
을 다운 받게 한다. 학생들이 소크라티브 활동에 참여할 때는 로그인이 필요없고 대신 교사가
알려주는 ROOM NAME만 있으면 된다. 교사가 소크라티브에 로그인을 하면 화면 중앙 상단에
항상 ROOM NAME이 보인다. 혹 잊어버리더라도 그것만큼은 걱정할 필요가 없다.

WHILE CLASS

1) Launch Quiz

학생들이 활동에 참여하기 전에 미리 오늘 수업에 활용할 퀴즈를 선택하

여 활성화하는 과정이다.

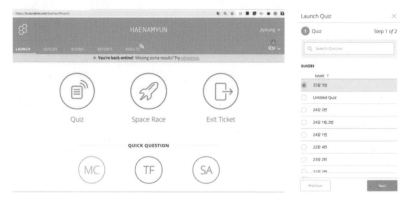

Launch 클릭(왼쪽), Quiz 클릭 후 하단의 Next 버튼 클릭

2) 퀴즈 모드 조정

- Instant Feed back

학생들이 문제를 풀고 나면 바로 정답을 보여준다. 개별학습 시 활용하면 좋다.

- Open Navigation

학생들이 개별적으로 정답을 입력한다(학생 주도형). 주로 내가 사용하는 모드이다. 모둠별로 활동과제를 주고 모둠별로 활동 속도에 맞추어 정답을 제출하게 된다.

- Teacher Paced

1번부터 순서대로 교사가 문항을 클릭하면 한 번에 학생들이 답을 체크하고 그다음으로

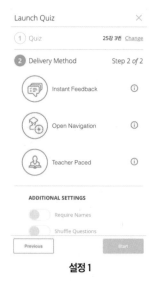

설정 1

넘어가는 교사 주도형 방법이다. 문제를 먼저 풀어버리고 자유시간을 보내

는 학생들이 많다면 이 방법도 좋을 것 같다.

- Require Name

- Shuffle Questions

- Shuffle Answers

- Show final Score

설정 2

3) 학생 초대

학생 초대시 필요한 것은 Room Name뿐이다. 학생용 소크라티브 앱을
실행하면 첫째, Room Name을 입력하고 둘째, 본인의 이름을 입력하면 된
다. 이 이름은 나중에 결과 리포트에 나타나게 되니 모둠명, 닉네임 등을
자유롭게 입력하게 해도 좋다. 그러나 만약, 리포트를 저장 후 교사가 나
중에 피드백을 주고자 한다면 본인의 이름을 쓰게 하거나 모둠의 경우 모
둠명을 구분하기 좋게 입력하도록 지도한다.

4) 토의 결과 함께 보기

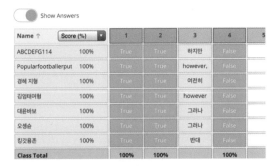

Report

학생들이 초반에는 모둠의 결과가 공개되는 것에 부담을 느끼는 경우가 있다. 이럴 때는, 리포트를 확인할 때 'Show Answer' 버튼을 비활성화하면 된다. 그리고 전체적인 정답률을 가지고 정답에 대한 이유를 발표하고 서로 토론하는 활동을 진행할 수 있다. 반대로 'Show Name'을 비활성화하면 정답화면을 공개해도 될 것이다.

AFTER CLASS

1) 리포트 불러오기(View Chart)

소크라티브의 장점은 활동 중 수업이 끝나버리는 경우에 리포트를 저장해서 다음시간에 다시 불러올 수가 있다. 또한, 활동이 끝났더라도 수업 후 교사가 학생들의 활동을 피드백 하기 위해서 다시 수업시간에 활동했던 리포트를 열어 볼 수 있다.

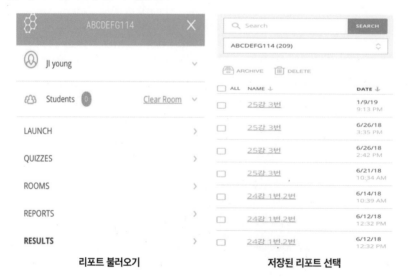

<table>
<tr><td align="center">리포트 불러오기</td><td align="center">저장된 리포트 선택</td></tr>
</table>

2) 리포트 따로 보관하기(Get Reports)

학생들의 활동 결과를 그대로 파일로 저장하고 싶은 경우 Get Report를 선택한다. 다음, 파일 받는 장소와 파일 저장 형태만 선택하면 된다. 만약 구글 드라이브에 저장하는 경우 'Google Drive'를 클릭하고 드라이브에 가 보면, 학생들의 결과가 다음과 같이 구글 스프레드 시트 형식으로 저장되어 있다. 누적하여 과정평가에 활용한다면 유용할 것이다.

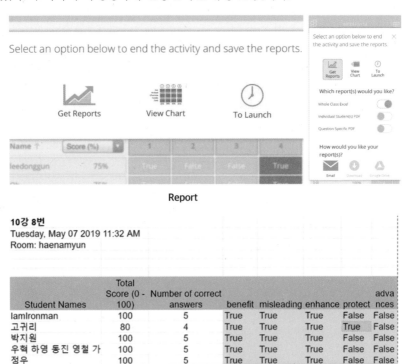

Report

10강 8번
Tuesday, May 07 2019 11:32 AM
Room: haenamyun

Student Names	Total Score (0 - 100)	Number of correct answers	benefit	misleading	enhance	protect	advances
IamIronman	100	5	True	True	True	False	False
고귀리	80	4	True	True	True	True	False
박지원	100	5	True	True	True	False	False
우혁 하영 동진 영철 가	100	5	True	True	True	False	False
정우	100	5	True	True	True	False	False
Class Scoring	96.0%	4.80	100.0%	100.0%	100.0%	80.0%	100.0%

구글 드라이브에 저장된 리포트

모둠 활동 OX퀴즈로 토론

1. 개별 읽기

2. 모둠별 읽기

3. 모둠 답안 제출

4. 리포트 보고 토론하기

개별 선다형 문항 정답률 확인 1차, 2차 정답률 비교

1. 주어진 시간 동안 정답 제출

2. 정답률 확인

3. 교사가 팁 설명

4. 2차 문제 풀고 정답 제출

5. 정답률 확인

6. 1차 문제풀이와 2차 풀이의 차이점 분석 후 보완할 점 도출

2. 활동 결과를 공유하기 위한 온라인 포스트 잇 "Padlet"

위스콘신주의 메네소타에서 열렸던 미네테솔 연수에 2박 3일 동안 참가했었다. 사실 한국에 있으면서도 테솔연수에 참가한 적은 없었다. 그나마 있는 영어교육학회는 수업 사례 발표 위주이고 그 사례발표마저 집중해서 들었던 적은 없었다. 그래서 미국에 있는 동안 영어교육관련 학회는 적어도 한 번은 참석해 보고 싶었다. 시키고에서 미네소타까지 비행기를 타고 호텔을 2박 3일 예약하고 학회 참석비도 약 우리 돈 30만원을 지불했던 것 같다. 기대 반 두려움 반이었다. 연수 첫날 첫 프로그램은 Key Note였다. 미네소타주 선생님들의 꽤나 많이 참석한 것 같았다. 굉장히 큰 홀에서 수백 명의 선생님들이 모였는데 언뜻 보니 동양인은 나뿐인 것 같았다. 긴장했지만 그만큼 기대도 컸다. 지금 생각하니 좀 어리숙했겠지만 참 멋진 나였던 것 같다.

미네테솔 연수 중 사례발표의 마지막 장면

사진 속의 장면은 참석했던 세션 중 한 프로그램의 마지막 단계이다. 뭐가 뭔지 몰라 멍하게 쳐다보고는 패들릿(padlet)이라는 사실만 메모하고 한국 돌아와서 열심히 유튜브를 찾아보고 활용법을 공부했다.

What is Padlet?

온라인 포스트잇이라고 표현하고 싶다. 종이 포스트잇은 글로 쓰는 것만 가능하지만 패들릿은 사진이나 동영상 첨부가 가능하다.

HOW TO USE_패들릿 사용 준비 방법

1. padlet.com 로그인

2. + 패들릿

3. 설정 변경하기: 우측 상단
   의 톱니바퀴 클릭

4. 설정 내용

★ 독특하게 URL 입력하기

설정에서 제목과 작성 내용 및 방법을 입력한 후 주소를 입력한다. 이 때, 주소를 기억하기 편하게 입력해 두면 나중에 열어보기 좋다. 예를 들면, http://padlet.com/yjy97/whatadump 또는 http://padlet.com/yjy97/3_4 등으로 설정해 두면 그대로 URL이 저장되어 구글클래스룸에 복사해 저장하기도 좋고 주소창에 그대로 입력하면 바로 해당 패들릿을 불러올 수가 있다.

★ 입력자 제한 방법

비밀번호를 설정해 놓으면 작성자를 제한할 수 있다. 자료가 누구에게나 오픈되기를 원치 않는다면 비밀번호 설정을 권장한다. 학

생들에게 과제 제시 후 비밀번호를 알려주면 된다.

설정 옆의 공유 버튼 클릭 / Change Privacy / 상태에 따라 설정 / Visitor permissions(보통의 경우 1 선택) / 저장

1. 작성할 수 있음 설정(게시가능)

2. 읽기가능

3. Can edit(타인 게시물까지 편집 가능)

★ 학생, 작성자가 입력 방법

1. 해당 URL 입력 또는 구글클래스룸에 제시한 주소 클릭

2. 구글 계정으로 로그인한다.

3. 비밀번호를 입력한다.

4. 하단의 + 버튼을 클릭해 필요한 내용을 작성한다.

자료 입력은 왼쪽과 같은 다양한 방식으로 입력이 가능하다.

입력한 내용의 색을 편집한다거나 글씨 포인트를 다르게 하는 등의 편집이 가능하니 학생들에게 미리 알려주면 본인의 스타일에 맞게 잘 활용하여 과제를 제출한다.

APPLY TO CLASS

- 읽기 자료 또는 동영상 학습 후 생각이나 의견 남기기
- 그룹 프로젝트 활동 후 최종 발표 자료(프리젠테이션)파일 남기고 공유하기
- 진로 관련 독서활동 후 양식에 맞게 책 소개하고 느낀 점 남기기

- 수업이나 연수 후 마지막 Exit Ticket으로 질문이나 더 알고 싶은 점
 남기기
- 학년 초 첫 날, 첫 시간에 담임교사에게 자기 소개하기

MORE TIPS

설정 옆의 공유 버튼 클릭 / 하단의 내보내
기에서 저장 방식 설정

학생들이 입력한 자료는 파일로 다운
로드해서 보관이 가능하다.

3. 믿고 사용하는 동기유발재 필요한건 스피드! "Kahoot"

미국 파견기간 동안 교육학부 학생들과 교육학 수업을 함께 들었다. 그 첫 시간을 잊을 수 없다. 파견중인 우리의 존재를 잘 알지 못하는 학생들은 우리가 당연히 영어를 잘하는 동양인으로 여겼을 것이다. 우리는 길에서 마주친 외국인을 만나면 한국어가 아닌 영어로 말을 건넨다. 이 논리라면 미국에서 우리를 본 외국인은 우리를 배려 해 우리말로 말을 건네야 맞지 않나? 그러나 미국인들은 동양인을 보면 무조건 영어로 말을 건넨다. 물론 자기 나라에서 자기네 말로 말을 건네는 건 당연한 일이지만 그러면 왜 우리는 우리나라에서 우리말로 외국인에게 말을 건네지 않는단 말인가? 영어가 미국인만 쓰는 말이 아닌 국제어로서의 영어를 사용했다고 한다면 양측 모두 이해가 가긴 하지만 어딘지 모르게 씁쓸하게 생각되었던 순간들이 있었다. 이 학생들도 그랬다. 우리가 영어를 얼마나 이해하는지와는 상관없이 정말 빠르게 원어민들끼리 주고받는 속도로 우리에게도 말을 했다. 교육학 수업은 미국 교육학부 학생들이 한 단원씩 발표수업을 이끌어 가고 발표 전 후 교수님의 설명이 덧붙여졌다. 첫 시간 우리는 철저히 소외되고 말았다. 교수님과 학생들 잘못은 아니었지만 서운한 마음을 감출 수 없었다. 14명 중 2명이 영어교사였는데 그중 한 명인 나조차도 당혹스러웠는데 다른 분들은 오죽했을까 싶다. 지금 생각해 보면 그 첫 시간의 충격과 당혹스러움이 우리가 더 열심히 영어공부를 할 수 있도록 불을 당긴 것만은 분명하다. 그날 수업 후 우리 모두는 도서관으로 향했으니까.

그리고 한 학기 수업을 진행하는 동안 우린 점차 나아져 학부생들과 함께 수업 활동에 참여하고 어울릴 수도 있었다. 그리고 우리의 존재감을 살리고자 우리교육에 대한 소개와 우리가 왜 이곳에 와 있는지 우리가 누군지를 이야기 하고 한국교육과 미국교육을 비교해 보는 시간을 가졌다. 그렇게 수업을 함께 들으면서 모둠으로 참여했던 활동이 Kahoot이었다. 학생이 되어 직접 참여 해보니 긴장감은 물론이고 경쟁심이 생겨서 이기고 싶은 마음에 미리 예습하고 수업도 더 집중해서 들었던 기억이 난다. 그래서 꼭 적용해 보고 싶은 활동 카훗이다.

교육학부 학생들의 발표 수업   우리나라 교육 소개

HOW TO USE

1) kahoot.com 로그인

2) Create new 클릭

3) 우측의 옵션 중 원하는 템플릿 선택

일부 옵션은 프리미엄 회원
에게만 제공되는 유료 템플릿
이다. 먼저, 기본부터 익숙해지
자. 그렇다면 New Kahoot을
선택한다.

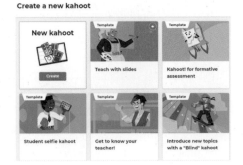

4) 제목 / 질문 / 선택지 입력 후 Done 클릭

추가 질문은 ⓔAdd Question을 클릭하고 4)의 과정을 반복한 후 마지
막에 ⓓDone 클릭한다.

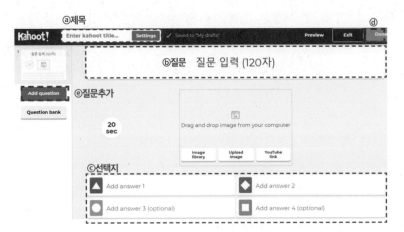

퀴즈 실행하기

1) **교사** 상단 중앙의 ⓐKahoot 클릭 / ⓑ원하는 퀴즈 Play / 모드 선택

2) **학생** 교사가 모드 선택까지 마무리 하면 화면에 보이는대로

- www.kahoot.it 또는 kahoot 앱 다운로드 후 실행

- 화면에 보이는 Game Pin 입력

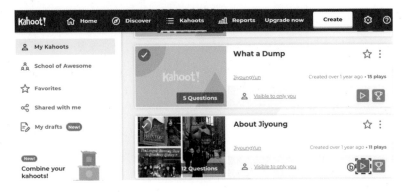

APPLY TO CLASS

- 첫 시간 교사 소개
- 문장 순서배열로 글쓰
  기 연습

★ 평가 결과 확인

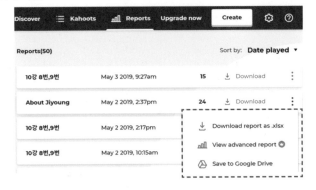

1. 상단 중앙의 Report 선택

2. 바로 다운로드할 수도 있고 우측 끝의 세로점을 클릭하면 필요한 형
태로 필요한 곳에 다운 및 보관이 가능하다. 형성평가로 카훗을 활용
하면 그 결과를 누적하여 평가에 반영하기 좋다. 다운로드 하면 엑셀
파일로 저장이 되고, 전체 평가 문항에 대한 통계부터 문항별 분석과
학생별 점수 및 반응도가 분석되어 제시된다.

4. 채점의 수고를 덜어준다! 온라인 형성평가와
결과 확인을 위해 최적화된 "Quizizz"

미국의 중학교 수업 참관 때 수업의 마지막 단계에서 이루어진 활동이다. 처음 보는 활동이었는데 각자 학생들이 자신의 크롬북에서 뭔가를 열심히 한다. 개별적으로 수업내용 이해 정도를 평가하는 퀴즈를 푸는 것처럼 보였다. 종이로 하는 형성평가보다 좋다고 생각했다. 실시간 평가가 되고 카훗과는 달리 좀 더 긴 지신문이나 지문을 활동한 문항도 퀴즈로 출제가 가능하니 더 활용도가 높게 보였다. 일단 사진을 찍고 실제 활용은 한국에 돌아와서 유튜브를 통해 사용법을 익혔다. 그리고 지난해 교내 공개수업 때 처음으로 적용해 보았다. 카훗만큼의 긴장감은 없었지만 좀더 다양한 문제를 제시할 수 있었고 개별적으로 차분하게 형성평가에 임하는 학생들의 모습은 카훗활동 때보다 오히려 진지했다. 무엇보다 좋았던 점은 학생들의 결과가 그대로 채점되어 리포트로 저장되기 때문에 개별 및 학급별

호바트 중학교 퀴지 활용 수업 장면

피드백 하기도 좋았고 이를 점수화하여 수행평가에 반영하기에도 좋았다. 별도로 채점을 할 필요도 없고 시험을 보기 위해 종이에 인쇄할 필요도 없다는 사실! 그리고 사전에 준비만 해 두면 수업시간 내에 평가할 수 있어 그야말로 '수업의 장=평가의 장'이 실현되게 된다.

HOW TO USE

Quizizz 활동 준비 방법

1) quizizz.com 로그인

2) 상단 중앙의 + Create a new quiz

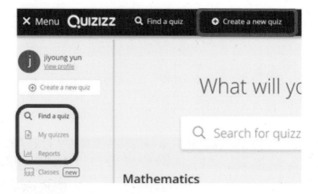

3) 퀴즈 제목 입력 후 퀴즈 editor에 내용 입력

좌측에 질문과 선택지를 내용을 입력하면 동시에 우측화면에 자동으로 내용이 입력된다. 우측 화면은 학생들이 보게 될 화면이다. 정답도 체크하고 문항을 추가해서 같은 작업을 반복한 후 저장을 누르면 완료된다.

문제 내용은 한글 파일에 이미 만들어 놓은 문항 정보를 그대로 복사해서 붙여 넣으면 된다. 문제의 길이에 구애받지 않아도 된다는 것이 참 좋다. 우측의 Math, Media를 각각 클릭하면 수학문제 출제와 사진이나 음성 파일을 활용한 문항 출제도 가능하다. 단, 오디오 파일의 경우 10초 이내의 분량이어야 가능하다. 그래도 카훗보다 훨씬 다양한 문항의 유형에 활용할 수 있는 정말 유용한 앱이다.

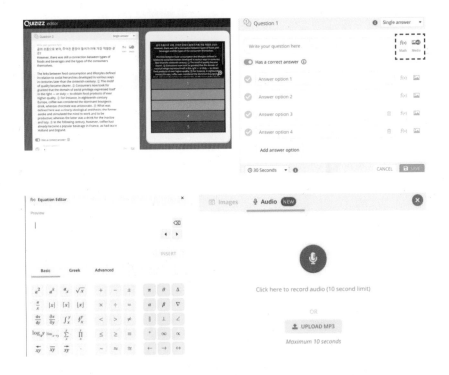

구글클래스룸과 연동하는 방법

1) Create Class

2) Import from google classroom

구글클래스룸과 연동해 놓으면 학생들에게 퀴즈 활동을 과제로 부여할 수 있다. 교사가 퀴즈에서 과제를 부여하면 학생들은 구글클래스룸에서 과제를 확인할 수 있다.

APPLY TO CLASS

질문을 입력한 후 Finish Editing / Finish quiz를 차례로 클릭해야 퀴즈 만드는 작업이 마무리된다. 만약 플레이 버튼이 보이지 않는다면 My Quiz 에서 퀴즈를 선택 한 후 마무리하도록 한다.

형성평가를 위한 게임 모드 활동

1) 교사: My Quiz / 퀴즈 선택 / Live Game

2) 학생: 화면에 보이는 주소를 치고 코드 입력 또는 퀴즈 앱에 로그인 후 코드 입력

과제로 제시하기

1) 교사 My Quiz / 퀴즈 선택 / Homework 선택 / 일자와 시간 선택 / 과제 부여할 반 선택(여기를 선택하면 'Host Game'이 'Assign Homework'로 바뀜).

2) 학생 본인의 구글클래스룸에서 게시된 과제를 클릭하고 활동에 참여한다.

5. 퀴즈가 포함된 동영상 활용 수업을 위한 "Edpuzzle"

학생들의 동기유발은 물론 유용한 학습자료로서 영상자료는 많이 활용된다. 거꾸로 수업을 위해 영상을 촬영하고, 촬영한 영상을 미리 학습해 오게 하는 선생님들도 많이 있다. 문제는 학생들이 동영상을 처음부터 끝까지 착실하게 보지 않고 중간을 건너 뛰어 버리는 경우가 생길 수 있다. 실제로 확인은 어렵다.

만약 동영상 중간에 질문을 끼워 넣고 학생들이 답하게 한다면 어떻게 될까? 답하지 않으면 다음으로 넘어가지 않게 설정한다면 교육적으로는 더욱 효과적일 것이다. 그리고 답을 찾기 위해서 필요한 부분을 반복해서 다시 볼 수 있다면 자동적으로 학습효과도 커지게 된다. 영어로 된 자료를 활용한다면 듣기 능력의 향상도 가져다 줄 것이다.

위와 같은 효과를 가져다 줄 수 있는 동영상을 편집할 수 있도록 도와주는 앱이 바로 "Edpuzzle"이다.

동영상 중간에 질문을 끼워 넣을 수 있으면 좋겠다하고 생각은 했지만 영상 편집을 잘하지 못하는 나로서는 엄두를 낼 수 없었다. 그러나 미국 에드테크 연수에서 소개받은 에드퍼즐은 아주 간편하고도 쉽게 동영상을 필요에 맞추어 편집해서 활용할 수 있었다. 미리 영상을 보면서 질문지를 작성해야 작업이 금방 끝나긴 한다. 그렇지만 질문을 만들지 못했다고 해서 걱정할 필요는 없다. 이미 많은 분들이 만들어 놓은 질문이 포함된 동영상이 있으니 그 중 선별해서 사용하거나 편집해서 본인의 것으로 만들면 된다. 대신 내 것도 만들어서 공유해 놓는 센스는 굳이 강요하고 싶지 않다.

HOW TO USE

Edpuzzle에서 동영상 편집 방법

1) edpuzzle.com 로그인

2) 동영상 검색: 상단의 search에 수업에 활용할 동영상 제목 검색

 ※ 사전에 유튜브에서 필요한 동영상을 검색하고 활용할 동영상 제목
  을 메모해 두면 보다 좋다.

3) 동영상을 선택하고 / Copy(우측 하단)

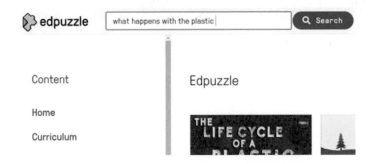

4) 좌측의 My Content에서 동영상 선택 / Edit 클릭해서 편집 시작

5) 편집 방법

- Crop Video: 필요한 부분만 잘라서 쓸 수 있다.

- Voiceover: 동영상에 필요한 수업내용을 삽입할 수 있다.

- Audio Notes: 필요한 부분에 특정개념이나 설명을 음성으로 삽입할 수 있다.

- Quizzes: 선택형 문항과 단답형 문항으로 작성 가능. 우측 하단의 Edit 버튼을 클릭하면 문항 수정이 가능하다.

Edpuzzle과 구글클래스룸 연동 방법

우측하단의 Assign / + Add new class / Import class / Google classroom / 반 선택 / Import class / Assign

edpuzzle.com에 구글클래스룸 연동　　　　**구글클래스룸 과제 화면**

APPLY TO CLASS

Live 게임 모드 활동

My class / 좌측에서 학급 선택 / 동영상 과제 클릭 / 우측 하단의 Go live! 클릭 / Start

학생들이 참여하는 방법

1) edpuzzle.com 로그인(구글 계정으로 로그인 가능)

2) 학급 선택

Go live 클릭   **방법 확인 후 Go live 클릭**

Live 화면

과제로 제시하기

1) My contents 클릭 후 과제로 제시할 동영상 선택

2) 우측 하단의 'Assign'클릭

3) 아래 사진의 좌측 중앙처럼 학급 선택

에드퍼즐 구글클래스룸 과제 제시 화면

옵션 설정

1. 우측 상단에서 시작과 마감 일시 선택

2. Prevent Skipping: 건너뛰지 못하기 기능 활성화

3. Turn on CCs: 자막 옵션 설정

6. 빌 게이츠가 후원하는 살만 칸의 "Khan Academy"

칸 아카데미는 2015년 여름 서울에서 한 달간의 연수를 받고 온 남편에게서 처음 듣게 된 정보였다. 비영리 교육서비스로 초등학교에서 고등학교 수준에 이르는 다양한 콘텐츠의 동영상 강의를 제공하고 있다. 살만 칸이 본인이 조카에게 수학을 가르치기 위해서 만들었던 동영상을 유튜브에 올리게 된 것이 현재의 칸 아카데미가 있게 된 계기가 되었다고 한다. 영어를 기본 언어로 하지만 한국어 자막이 제공되어 초등학교뿐만 아니라 고등학교까지 아주 유용한 콘텐츠이다.

내가 방문했던 호바트 고등학교에서도 칸 아카데미를 활용하고 있었다. 교사가 콘텐츠를 선택하여 과제를 제시하면 학생들은 자기주도 학습으로 동영상 강의를 학습해야 한다. 거꾸로 수업도 칸 아카데미 동영상을 활용하면 좋을 것이라는 생각이다. 집에 있는 초등학생 아이들에게 칸 아카데미를 활용해서 'Language Art'와 수학 과목의 학습을 진행해 본 내용을 여기에 소개하고자 한다. 칸 아카데미는 구글클래스룸과 연동이 가능해서 구글클래스룸을 운영한다면 당연히 사용해 볼 만한 사이트다.

호바트 고등학교의 Cool Tools Library의 칸 아카데미

HOW TO USE

칸 아카데미에 학급 만들기

1) https://www.khanacademy.org 로그인

2) 우측의 새로운 클래스 추가 클릭

3) 클래스 이름 입력 / 하단의 다음 클릭 / 코스 추가

4) 학생 초대 방법 선택

칸 아카데미와 구글클래스룸 연동하는 방법

1) 클래스 이름 만들기에서 구글클래스룸에서 클래스 불러오기 선택

2) 불러오고 싶은 반 선택 후 다음 클릭

구글클래스룸과 연동하면 학생들을 별도로 초대할 필요가 없고 학생들은 본인의 클래스룸에서 과제로 제시된 화면을 클릭하면 바로 해당 사이트로 연결이 되므로 간편하게 학습에 참여할 수 있다.

APPLY TO CLASS

과제로 제시하기

1) 나의 클래스 / 클래스 선택 / 좌측의 코스 마스터리 클릭

2) 알맞은 코스 선택

3) 좌측의 과제 / 과제 내주기 / 각 과제 클릭 / 과제 내주기

4) 문제 풀기 옵션 / 클래스 / 학생 / 제출기한 및 시간 설정

엄마표영어: 다양한 코스 ⌄

도구

┌─────────────────────────┐
│ 클래스 한눈에 보기   │
│ ⌄ 코스 마스터리   │
└─────────────────────────┘

목표 설정

진도

⌄ 과제

과제 내주기

마스터리 목표 설정

나의 학생이 자신의 속도에 맞춰 공부할 수 있도록 전체 코스 배정

미국 5학년 ⌄
미국 3학년
미국 4학년
세계사
문법 (Grammar)
✓ **미국 5학년**

클래스 한눈에 보기

⌄ 코스 마스터리

목표 설정

진도

⌄ 과제

과제 내주기

점수

관리

미국 5학년 ⌄ | | ┌──────────────┐
                    │ 과제 내주기 (19) │

🔵	**덧셈과 뺄셈** 단원	☐
›	같은 분수와 소수 (초등3학년 1학기 6단원) 수업	☑
›	**소수의 덧셈이란?** 수업	☑
›	소수의 덧셈 (초등4학년 2학기 1단원) 수업	☑
	덧셈과 뺄셈: 퀴즈 1 퀴즈 · 8 문제 · 같은 분수와 소수 (초등3학년 1학기 6단원)	☐

과제 19 개 내주기

선택된 모든 과제의 옵션을 설정하세요.

문제 (이 문제에만 적용됩니다)

◉ 각 학생들이 서로 다른 문제를 풀게 됩니다 ⓘ

○ 모든 학생들이 같은 문제를 풀게 됩니다 ⓘ

클래스 | **학생**

엄마표영어 ▾	전체 학생 ▾

기한 | **시각**

10월 10 .	11:59 오전

저장 후 나중에 내주기 [**과제 19 개 내주기**]

★ 칸 아카데미 점수 및 학습 진행 상황 확인

> 나의 클래스 / 클래스 선택 / 좌측의 과제 / 점수 클릭

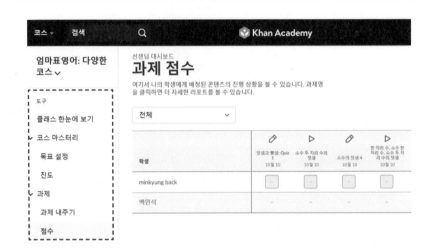

IV

교실 밖 구글 앱 사용

구글 폼 활용 각종 설문조사

무슨 일이든지 계획을 수립하기 전에 수요자의 의견조사를 하거나 모든 일을 마무리한 후 반성을 통해 차기 계획 수립을 위한 설문조사는 필수다. 설문조사를 실시하는 일은 큰 일이 아니다. 설문 대상이 일정 수 이상을 넘어서는 경우 선택 결과지를 통계내고 분석하여 계획에 반영하는 것이 일인 것이다.

교육과정부장을 맡으면서 교육계획 수립을 위한 설문조사를 학생 약 800명, 그들의 학부모 대상 설문 그리고 교직원들의 종이설문을 실시 해 왔다. 최대한 분석해서 결과를 반영하려고 노력하였지만 사실 20개가 넘는 문항에 대한 분석이 제대로 이루어졌을 리가 없다. 모든 문항을 분석해서 차기 교육과정 계획 수립에 반영을 위한 협의회에 내보이고 싶었지만 한 번도 그렇게 하지 못했다. 통계에 포함시켜야 할 응답지수가 천 장을 넘어서기 때문이다.

2016년에 선진형 교과교실제 운영 우수학교 운영 보고서의 성과 분석란에 포함할 데이터가 필요했다. 한 눈에 보이게 하려면 도표로 제시하는 편이 좋았다. 그래서 일일이 설문조사 문항의 선택지별로 결과를 합산하고 이를 엑셀에 입력하여 도표로 만들어 냈다. 참 번거로운 일이 분명하다. 그래도 그때는 데이터를 입력하면 뚝딱 도표를 만들어 주는 엑셀이 참 고마운 도우미였다.

그런데 지난해부터는 달라질 수 있었다. 구글 폼을 익힌 덕분이다. 구글 폼 덕분에 시간을 덜 수 있는 일이 한두 가지가 아니다. 그 중 내게 큰 도움을 주었던 사례를 여기에 소개하고자 한다. 비슷한 상황에 있는 사람들은 이 내용을 바탕으로 응용하면 내가 생각하지 못한 더 좋은 방안으로 활용할 수도 있을 것이다. 그렇게 된다면 함께 공유해 주었으면 하는 바람이다.

1. 학교교육계획 수립을 위한 설문조사

1) 설문조사 만들기

학교교육계획 수립을 위한 설문조사는 학년 말이 되면 12월에 실시하게 된다. 한글 파일의 자료를 그대로 복사해서 구글 폼 설문 양식에 붙일 수 있다. 그래서 설문조사 문항을 작성하는 일을 먼저 해야 한다. 구글 폼을 열고

가. 파일명 입력(2020학년도 학교교육계획 수립을 위한 학생 설문)

나. 설문 제목 입력(파일명과 동일)

다. 설문 안내 글 입력(안내장의 인사말과 같은 내용)

라. 설문 내용 입력

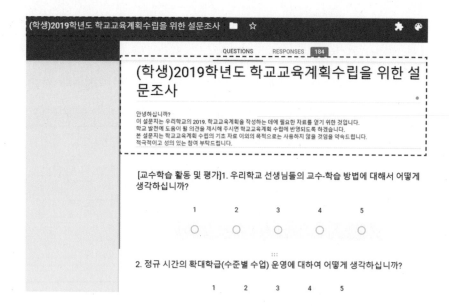

Tip 기억해 두면 좋을 구글 폼 설문 작성 팁

학생을 대상으로 하는 설문조사를 작성했다
면 이를 복사해서 파일명을 바꾸고 위의 가부
터 라의 과정을 반복한다면 쉽게 학부모용과
교사용 설문조사를 완성할 수 있다.

우측 상단의 세로 점 클릭 / Make a copy 클
릭 / 파일명 수정

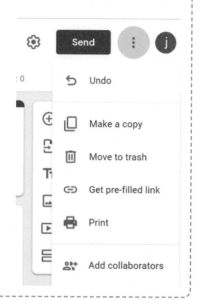

2) 설문 결과 보기

설문 결과는 바로 벤다이어그램 도표로 분석이 된다. 응답자별 반응은 구글 시트로 다운이 가능하다. 이때, 응답자를 구분해야 하는 경우에는 설문조사 문항 입력에 앞서 응답자가 이름이나 메일 주소를 입력할 수 있게 구성한다.

우측의 초록색 아이콘을 클릭하면 구글 시트로 다운 받을 수 있다. 구글 시트로 다운 받은 내용은 복사하여 엑셀로 옮겨서 편집할 수도 있으니 사용자가 편한 환경에서 편집하면 된다.

구글 계정이 없는 응답자도 설문 참여는 가능하다. 그러나 응답자가 두 번 이상의 응답이 가능해지기 때문에 설문 통계의 신뢰도가 다소 낮아질 수 있다. 신뢰도가 중요한 설문의 경우 응

답 횟수를 한 번으로 제한해야 한다. 응답 횟수를 한 번으로 제한하는 설정을 위해서는 응답자들이 구글 계정으로 로그인을 해야 한다. 구글 계정이 있는 응답자를 대상으로 하는 경우 우측의 톱니바퀴 클릭 후 응답 횟수 제한에 체크하면 된다.

3) 설문 결과 함께 공유하기

설문 결과를 구글 폼 분석 결과 그대로 공유할 수 있다. 업무 담당자가 여럿일 때도 구글 폼 설문을 공유해 주면 결과를 공유하고 함께 분석할 수 있다.

우측 상단의 세로 점 클릭 / Add collaborators / 하단에 메일 주소 입력 후 설정 변경

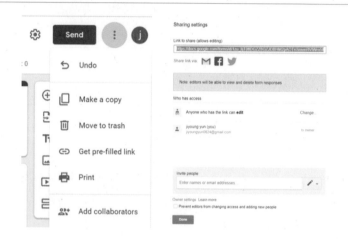

edit 기능을 공유해 주면 구글 폼의 Response까지 공유가 가능하다.

2. 학생 선택과목 사전 수요조사

2015 교육과정 적용으로 2020학년도 3학년의 교육과정은 선택해야 할 과목의 수가 많다. 리로 스쿨을 운영하고 있는 학교는 그 안에서 해결이 가능할지 모르겠지만 별다른 대안이 없는 경우에는 선택과목 수

요조사가 참 골치 아픈 일이다. 선택 결과에 따라서 반 편성 방식도 고민해야 할 일이고, 교과서 주문이 맞물려 있기 때문에 한 번 설문조사를 실시하는 학교는 없을 것이다. 적어도 3차에 걸쳐서 설문조사 실시를 한다.

이때 1차는 종이설문과 함께 구글 폼을 활용하고 2차부터는 종이설문 없이 구글 폼으로만 실시해도 혼란스럽지 않게 수요를 조사할 수 있다. 1차를 종이설문과 함께 하는 이유는 학생들에게 과목을 선택하기에 앞서 안내해 주어야 할 사항들이 많기 때문이다. 온라인이 대세인 시대이지만 중요한 일은 여전히 종이로 보아야 더 명확하게 판단되는 경우가 있다. 1차 때 종이설문과 동일한 내용의 설문을 구글 폼에 입력해 두고, 학생들에게는 통계를 내야 하므로 종이설문과 똑같이 구글 폼에 입력할 수 있도록 사전에 안내한다.

3. 학사 일정 수립을 위한 간단 설문 조사

구글 폼을 잘 활용하면 사소한 안건도 몇몇이서 결정하지 않고 전체 구성원들을 의사결정과정에 참여시킬 수 있다. 일방적으로 결정하지 않고 의견이 분분하다면 간단히 설문조사를 통해 결과를 도출할 수 있을 것이다. 예를 들면, 교직원 연수 장소 선택, 학사력 작성, 친목회 저녁식사 메뉴 등이다. 별것 아닌 일 같지만 은근히 결정 과정에 소외되는 사람들이 있을 수 있다. 큰 학교의 경우 각 실별로 운영이 되어 떨어져 지내기 때문에 의견 수합이 쉽지 않다. 그럴 때 구글 폼을 통한 의견 조사를 실시 해 볼 것을 권장한다.

2019년 학사력을 작성하는 데 방학일과 개학일 그리고 재량휴업일 유무 등을 결정해야 했다. 교장 교감선생님과 교무실 선생님들끼

2019학년도 학사력

Form description

2019학년도 2학기 개학일자와 겨울방학 선언일중 선호하는 일정에 체크하여 주시기 바랍니다. ⓒ

○ 2학기 개학일 : 8월 12일(월), 2학기 겨울방학 : 12월 27일, 10월 4일 재량휴업

○ 2학기 개학일 : 8월 13일(화), 2학기 겨울방학 : 12월 27일, 재량휴업 없음

○ 2학기 개학일 : 8월 14일(수), 2학기 겨울방학 : 12월 31일, 10월 4일 재량휴업

○ 2학기 개학일 : 8월 16일(금), 2학기 겨울방학 : 12월 31일, 재량휴업 없음.

리 의견을 모아 결정할 수도 있었지만 구글 폼을 통해 각 실에 계신 전체 선생님들의 의견을 묻는 것이 좋겠다는 생각이 들었다.

가. 설문 내용 구글 폼으로 작성

나. 구글폼 URL 복사 후 메신저로 보내기

다. 또는 구글 폼 URL로 QR 코드 만들어 보내기

구글클래스룸으로 전문적 학습 공동체 운영

시도 교육청마다 전문적 학습 공동체가 활발하게 운영이 되고 있다. 올 해 전라남도 교육청에서도 자율적 학교 안팎 전문적 학습 공동체를 공모하고 현재 활발하게 운영이 되고 있다. 내가 속한 전문적 학습 공동체만 해도 여러 개다. 그중 대표로 활동하고 있는 스마트기기 활용 전문적 학습 공동체 운영에 대해 소개하고자 한다.

스마트기기 활용 수업을 위한 전문적 학습 공동체는 총 11명으로 구성

되어 있다. 순천, 광주, 해남, 진도에 있는 선생님들이 스마트기기 활용으로 수업에 변화를 주고자 모인 전문적 학습 공동체이다. 운영의 어려운 점은 지리적 물리적 여건이다. 모두가 재직하고 있는 학교도 다르고 주말에 지내는 근거지도 다르다. 전남의 동부라고 하는 순천과 서부인 해남, 진도 그리고 광주에 사는 선생님들이다. 언뜻 머릿속에 지도를 그려보아도 자주 만나기는 어렵다.

1. 전학공 구글클래스룸

지난 8월의 어느 토요일에 광주의 한 스터디카페에서 모임을 갖고 수업을 나누는 시간을 가졌다. 더 자주 보면 참 좋겠다는 생각을 했지만 아쉽게도 그렇지 못했다. 그러나 그 아쉬움을 뒤로 할 수 있는 것이 구글클래스룸을 통한 모임이었다.

협동수업 미션을 주고 수업 적용 사례를 공유 할 수 있도록 과제를 제시하면 된다. 설정에서 모두가 댓글뿐만 아니라 글도 게시할 수 있도록 설정하면 누구든 원하는 주제의 과제를 올릴 수 있다. 대표 혼자 주도하기보다는 모두가 함께 이끌어가는 전문적 학습공동체로 진정한 집단지성을 발휘할 수 있을 것이다.

2. 도서 구입

구글클래스룸을 통한 전문적 학습공동체 운영은 구글클래스룸을 통한 수업 운영 만큼이나 효율적이고 효과적이다. 활동 과정을 통해 자연스럽게 구글을 활용한 수업 방식에도 익숙해질 수 있는 점과 학생의 입장에서 구글클래스룸에 참여해 볼 수 있다는 점은 보너스나 마찬가지다.

전문적 학습공동체 예산으로 도서구입을 많이 한다.

이때, 도서 신청 양식을 구글문서 또는 구글 시트로 만든 후 수정권한을 함께 주고 과제를 게시하면 한 번에 그리고 동시에 도서 신청이 가능하다. 이렇게 되면, 개인별로 필요한 도서 목록을 저자 및 출판사와 함께 작성해서 보낼 필요가 없어지고, 개별로 받은 자료를 품의를 위해 모두 수합하여 정리 및 편집할 필요도 사라진다.

Due Oct 18, 11:59 PM

도서 주문

 jiyoung yun   10:55 AM (Edited 11:19 AM)

개인당 2권씩 도서 신청 해 주세요.
공유된 문서이니 다른 분꺼 지워지지 않게 유의 해 주시구요~
기한은 18일까지로 되어 있습니다.
저희 전학공과 관련된 내용이면 좋을것 같지만 꼭 그렇지 않아도 괜찮을것 같긴 합니다.

작성을 마치신 후에는 꼭 제출완료 눌러주는 쎈스~~

도서 주문
Google Sheets

구글 앱을 활용한 학급 운영

올해 고등학교 3학년을 맡았다. 구글클래스룸은 내 수업의 기본 플랫폼으로서의 역할을 정말 톡톡히 해 주었다. 수업도 수업이지만 학급 운영에 있어서도 구글클래스룸의 과제를 통해 운영된 정보 수집은 내 손 하나를 덜어주고 그만큼 여유를 주었다.

1. 구글문서 이용한 자기소개서 지도

학생부 종합전형에 응시한 학생들에게 자기소개서는 가장 신경이 쓰이는 부분일 것이다. 예전에는 일일이 출력하고 출력물에 빨간색 플러스펜으로 긋고 또 긋고 수정해야 할 내용을 작성해 주었다. 그렇다보면 출력물은 때로 알아보기 힘든 상태가 되기도 한다.

올해는 달랐다. 일단 자소서를 출력물이 아닌 구글클래스룸에 제출하기 위한 과제를 제시했다.

> 구글클래스룸 / Classwork / + Create / Assignment / 과제 안내 내용 입력 / 제출 해당 학생 선택 후 과제 부여
> ※ 별도의 파일을 첨부할 필요가 없음.

제출된 과제를 열어서 다음과 같이 수정을 제안하는 쪽지를 붙여서 돌려주었다. 돌려받은 학생들은 제안 사항들을 보고 본인이 판단하여 가감을 결정한다. 이 과정을 2차, 3차 필요하면 4차까지 반복하게 된다.

자소서 제출

jiyoung yun Aug 6 (Edited 12:00 AM)

1. 작성중인 자소서를 1차 마무리 되는대로 제출하세요.
(한글 파일로 내는 경우 샘이 수정 할 수가 없음.
그러니 구글 문서에 복사해서 제출하면 언제든지 피드백 가능)
2. 이미 제출한 내용이 수정된 경우에는 제출 취소 버튼을 누르고 재 제출하세요.
3. 자소서 상담을 원하는 경우 출력물을 가지고 샘한테 오세요.(준비 된 학생부터 자소서 지도 시작)
4. 혹 샘이 아닌 다른 분에게 지도 받는 경우 샘한테 알려주고 지도 계속 받을것.
5. 최저 필요한 경우 9모가 기준이니 자소서 쓴다고 9모 준비에 소홀하면 바보~
6. 기타 문의는 카톡이나 구글 댓글로 하세요.

모두들 힘 내고!! 힘든 만큼 성장할 것임을 샘은 믿어요.
샘은 이제 다른 일 좀 정리하고 다시 제 자리로 돌아와 있으니 언제든지 찾아와서 물어볼 것!!
바쁘지만 4반에게는 바쁘지 않음요!!
샘도 낼 상담 준비 마무리 하고 이제 잘라고..

참!!! 민지, 세미, 세진, 유진!! 수시 지원 현황표도 빨리 내 주시지요!!!^^

자소서를 주고받으면서 필요한 경우 댓글로 소통하기도 한다.

김민지 - 자소서 제출
Google Docs

김민지 - 자소서 제출
Google Docs

Private comments

김민지 Sep 3
2번을 새로 쓰고 있는 중이에요ㅜㅜ

김민지 Sep 8
3번 수정하고 4번 추가해서 다시 제출했어요. 새로 쓰고 있던 2번은 뭔가 이상한 것 같아서 내일 다시 수정해서 제출할게요.

jiyoung yun Sep 8
샘이 남긴 메모 잘 보고 신중하게 생각해서 반영하고 서서히 마무리 해 가자.

김민지 Sep 8
선상님 2,3번 제출했어요오오오오오

김민지 Sep 10
시립대 4번은 1000자 이상이라서 좀 더 삭제해야 하고 고대 4번은 말을 추가해야 하는데요 어떤 방식으로 문장을 넣을지 좀 더 고민해보고 넣을게여ㅜㅜ

2. 구글 시트 활용한 수시지원현황 수집

2020학년도 수시 지원 현황을 도교육청에 보고 해야 한다. 학년 기획을 맡은 선생님이 각 반마다 수합해서 보내 줄 것을 요청한다. 이런 일은 보통 교실 컴퓨터에 엑셀 파일을 저장해 두고 학생들이 한 명씩 파일을 열

2020학년도 수시지원현황

jiyoung yun   Sep 18

1. 붙임파일 열기
2. 파일 이름 수정(수시지원현황 3401 ooo)
3. 본인 수시 지원 현황 입력(형식에 맞게)
4. 제출

2020학년도 수시지원현황(3-4)
Google Sheets

고 본인의 지원 현황을 양식에 맞게 입력한다. 모든 학생이 입력을 마치면 담임선생님이 최종 파일을 저장하여 학년 기획 선생님께 보내면 된다. 그러나 문제는 학급에 28명이나 되는 학생들이 한꺼번에 몰릴 경우이다. 학급 컴퓨터는 한 대에 불과하기 때문이다. 그리고 선생님은 수시로 누가 입력을 했는지 안 했는지 파악하려면 교실 컴퓨터를 수시로 열어보며 체크해야 한다.

이런 상황에서는 아래와 같이 학급에 과제를 게시하면 10분도 안 걸려서 수시 지원 현황 파일을 수합할 수 있다. 구글 시트에 시트 추가를 하여 학급마다 시트를 구분하고 파일을 모든 반의 구글클래스룸에 게시하면 학급 담임 손을 거치지 않고 한 번에 9학급의 수시지원 현황을 파악할 수도 있다.

> 구글 드라이브의 구글 시트 열어서 파일 작성
> 구글클래스룸 / Classwork / + Create / Assignment / 작성한 파일 추가 / 입력 안내 사항 작성 / 'Make students edit the file ' 설정

3. 구글문서 활용한 생활기록부 입력

① 독서 활동 입력

생활기록부를 작성하다 보면 학생들이 제출해 주어야 입력이 가능한 내용들이 있다. 독서활동의 경우를 생각해 보자. 한 명씩 작성해서 종이로 제출한 경우 교사가 어차피 다시 타이핑하여 입력해야 한다. 그러니 온라인 파일로 받는 것이 좋을 것이다. 그런데 교실 컴퓨터에 저장해 두고 학생들이 입력하게 한다면 쉽게 필요한 자료를 제출받을 수 있다.

② 생활기록부 입력

생활기록부를 교무실에서 입력하다가 다른 곳으로 이동하게 되는 경우 노트북을 직접 들고 이동하거나, USB에 저장하여 가지고 가거나 아니면 메일로 보내 놓는 방법을 생각할 것이다. 그런데 메일로 보내 놓은 파일을 열고 작업을 하다가 다시 다른 자리로 이동을 해야 하는 경우 또 다시 파일을 다른 이름으로 저장하고 메일로 보내야 한다. USB를 활용한 경우 작업 후 PC에서 뽑지 않고 그냥 두고 오는 경험을 한 번씩을 하였을 것이다.

구글앱을 활용하면 USB를 들고 다니면서 잃어버릴 염려가 없다. 작업할

파일을 메일로 계속 보내고 또 보내는 과정을 거치지 않아도 된다. 구글 드라이브에 저장된 파일은 인터넷만 가능하다면 열어볼 수 있고 실시간 저장이 되기 때문에 작업하고자 하는 곳에서 작업하고자 하는 도구를 열어 인터넷만 연결하면 된다. 학교에 무선 인터넷이 구축되지 않은 경우, 휴대폰을 핫스팟을 이용한다면 인터넷이 되지 않아 사용을 못하게 될 염려는 하지 않아도 된다.

에필로그

수업도 디자인이다

구글클래스룸이라는 캔버스에 다양한 수업 활동 그림을 그려 보았다. 지우고 다시 그리고를 반복하면서도 하나를 알려주면 열을 알던 나의 학생들이 있었기에 그림을 완성할 수 있었다. 마음에 드는 그림 한 컷을 그대로 따라 그려내고 싶은 선생님들에게 도움을 주고자 기획했던 책이다. 두 번째 그릴 때는 본인만의 멋진 그림을 완성할 수 있을 것이다. 그 멋진 그림을 내게도 공유해 주어서 배움의 기회를 주신다면 감사하겠다.

구글클래스룸, 다양한 디지털 스킬들을 익혔다고 해서 수업이 바뀌지는 않는다. 테크놀리지는 그저 수업을 더 풍성하고 의미 있게 해주는 도구들일 뿐이다. 수업 개선을 위한 선생님들의 고민은 끝나지 않는다. 여전히 선생님들은 이런 도구들을 활용하여 어떻게 수업에 적용하고 어떠한 콘텐츠로 학생들과 수업으로 만날지를 고민해야 한다. 기술의 도움으로 귀찮고 번거로운 수고는 덜었고, 학생들과는 더욱 많은 상호작용을 할 수 있게 되었으니 이제는 거시적으로 삶에 도움이 되는 교육이 이루어 질 수 있도록 수업의 내용적인 측면에 보다 관심을 가질 필요가 있다.

단순히 정해진 내용을 가르치는 일은 어렵지 않게 할 수 있다.

수업도 디자인이다. 방대한 정보 중에서 유의미한 학습 주제에 맞게 엄선

한 내용을 학습 재료로 선정하고, 학습 내용을 전달하기에 가장 효과적인 방법을 고민한다. 그 방법을 통해 내용이 학생들에게 전달되는 과정에서 4Cs(소통, 협업, 창의성, 비판적 사고력)를 키울 수 있도록 다양한 토의, 토론, 거꾸로 수업, 프로젝트 수업 등 활동방법을 고려해서 디자인하면 된다. 디자인은 창의적인 일이며 그렇기에 인공지능 시대에도 교사는 여전히 건재할 것이라 믿는다.

지난 2년동안 나의 새로운 시도를 즐겁게 따라와주며 내게 고마움을 전해주던, 세상에서 제일 예쁜 해남고등학교 3학년 학생들이 내게 보내준 수업에 대한 소감을 소개한다.

▨지영쌤이 구글클래스룸에 올려주시는 영어 원문과 관련된 영상 덕분에 주제 단어에 대한 다른 내용의 글을 읽어도 더 쉽게 이해할 수 있었다. 또한 구글클래스룸 덕분에 선생님과 더 많이 소통할 수 있었던 것 같다.—박○○

▨선생님의 구글클래스룸을 사용한 수업은 저처럼 자신감이 낮은 학생들의 수업 참여율을 높이는 데 큰 도움이 되었습니다.—윤○○

▨선생님의 수업을 통해 저는 영어에 대한 자신감을 기를 수 있었습니다. 틀린 답이더라도 기죽지 않게 해주셨고 의견을 발표했다는 것에 박수를 쳐주서서 항상 자신감을 가지고 발표를 했으며 영어에 대한 재미를 붙이게 되었습니다. 구글클래스룸 수업을 통해서는 제가 어떤 부분에서 잘못 생각하는지를 알 수 있었고 많은 친구들의 의견을 들어볼 수 있었습니다. 선생님께서 틀린 답을 고른 친구들은 무엇을 잘못 생각했는지 피드백 해주서서 매 수업이 도움이 되고 뿌듯한 시간을 가질 수 있었습니다. 또한 선생님의 수업은 항상 여러 활동으로 이루어져 오랫동안 기억할 수 있었습니다. 이러한 활동으로 교육에 대한 흥미를 가졌고 요새 뜨고 있는 교육 방식 등에 대해 알 수 있는 시간이었

습니다. 지영샘 수업은 비빔밥이다. 지영샘은 'early adopter'이다.—용○○

✵Thanks to Ji young teacher!! 선생님은 강의식 수업이란 틀을 깨고 활동형 수업을 저에게 몸소 느끼게 해 주셨습니다. 덕분에 지문에 대한 단순한 이해가 아닌 지문에 담긴 많은 내용을 접하며 세상을 바라보는 다양한 시각을 갖게 되었어요. 구글클래스룸, 클래스 카드 등 다양한 매체를 사용해 학생들의 학업에 도움을 주려고 노력하시는 모습에 항상 감동받았습니다. 감사합니다.—김○○

✵대학교든 고등학교든 과제 작업을 주로 컴퓨터로 합니다. 그래서 구글클래스룸은 최신의 트렌드에 잘 맞춰져 있다고 생각합니다. 더군다나 일방적으로 책으로 수업을 받는 것은 학생들의 입장에서 조금 지루할 수 있는데 컴퓨터를 이용한다는 점에서 흥미를 돋울 수 있었고 즐거웠던 수업이었습니다.—최○○

✵지영 선생님의 수업은 학습과 협동의 질을 높여줄 수 있는 장치들을 많이 알게 해 주었다. 또 내가 활용할 수 있는 선진적인 장치들이 또 있나 알아보고 싶게 한다. 앞으로 사회를 살아가면서 벌써 대학에서부터라도 그 도구들을 유용하게 쓸 것 같다. 현재 어떤 시스템이 개발되어 있고 어떻게 활용할지 알게 해 주는 것이 지영선생님 수업에서만 배울 수 있는 점 중 하나이다.—박○○

✵윤지영 선생님의 구글클래스룸을 이용한 수업은 굉장히 획기적이었습니다. 학습지 과제, 단어암기, 영어공부하는 데 필요한 자료 공지 등등, 영어 수업을 원활하게 참여할 수 있도록 도움을 많이 받았습니다. 감사합니다.—정○○

✵선생님께서 알려주신 앱, 프로그램 활용도 대박이에요! 저번에 토론활동 하면서 구글 문서랑 클래스룸을 사용했는데 덕분에 번거로운 모임 횟수도 줄고 실시간으로 질의응답도 가능해서 편리했어요. 특히, 노트북이 없어서 문서작업할때마다 메일이나 유에스비(USB)에 옮겨 다녔는데 지금은 아이디만 알면 돼서 진짜 편해요. 진학하는 학과가 팀플로 유명한데 대학가서도 자주 사용할 것 같아요.—김○○

✵Thanks to 윤T. 평소 똑같은 수행평가와 공부에 지루함을 느꼈던 저에게 윤지영 선생님의 수업은 새롭게 다가왔습니다. 윤지영 선생님은 더 나은 수업을 위해 항상 여러 가지 시도를 하시고 도전을 두려워하지 않으시는 것 같습니다. 구글클래스룸, 클

래스 카드 등을 통해 공부를 학습 놀이라고 느끼며 새로운 학습 수단을 발견할 수 있었습니다. 윤지영 선생님의 수업은 변화하는 시대에 저희가 적응할 수 있는 디딤돌이 될 것입니다. —박○○

¤참된 가르침을 알고 정말로 실천 하시는 몇 안 되는 선생님이시다. 학생들의 시험점수에만 도움이 되는 것이 아니라 미래를 이끌어 나갈 수 있는 인재가 될 수 있도록 다양한 자료로 경험을 주고 좋은 말씀을 자주 해주신다. 나중에 고등학교시절을 떠올렸을 때 가장 먼저 생각날 선생님들 중 한 명이시다.—조○○

¤지영t와 함께하는 영어수업! 선생님께서 수업 관련 자료를 찾아 구글클래스룸에 게시해 주셔서 수업 내용에 대한 이해도를 높일 수 있고 심화 내용도 알 수 있었습니다. 또한 댓글을 통해 친구들과 생각을 공유할 수 있기 때문에 똑같은 수업 내용일지라도 미처 생각하지 못했던 다양한 해석과 풀이를 알 수 있어서 저의 부족한 실력을 키울 수 있었던 것 같습니다. 어려운 내용은 이해하기 쉽도록 항상 적절한 예시를 들어주셔서 이해가 잘 되니까 더욱 열심히 영어 공부할 수 있었어요. 선생님 덕분에 영어에 대한 흥미도 높이고 성적도 향상될 수 있었어요. 사랑합니다. 지영샘!!—김○○

¤윤지영 선생님의 수업은 견식을 넓혀주는 수업이다. 수업생이라는 타이틀에 의해 줄어든 견문과 트렌드를 선생님께서 넓혀주신다. 세상을 넓게 보게 해주십니다.—김○○

¤구글클래스룸에 올려주신 다양한 읽기 자료를 읽고 내 생각을 써 보며 읽고 해석하는 능력을 기를 수 있었다. 그리고 수업과 관련된 자료들을 매 수업 시간 전에 올려주셔서 수업에 적극적으로 참여할 수 있었다. 다른 영어수업처럼 해석하고 글을 파악하는 것은 같았는데 따로 더 이상 공부를 안해도 될 만큼 기억에 오래 남았다. —김○○

¤수업전 선생님께서 올려주신 수업 관련 자료를 먼저 확인할 수 있어서 수업에 좀 더 관심을 가지고 참여할 수 있었습니다. 수업과 관련 내용을 선생님께 1:1로 질문하거나 의견을 나눌 수 있어서 수업을 더 잘 이해할 수 있었습니다.—최○○

¤처음에는 마냥 새로운 수업이어서 관심이 생겼습니다. 그러나 매 주 선생님께서 구글클래스룸에 올려주시는 자료 등을 통해 지문을 이해하고 관련 영상과 글을 읽으면서 재미와 성과를 모두 잡을 수 있었던 것 같습니다.—정○○

▯구글클래스룸을 통한 수업에서 가장 좋았던 점은 선생님께서 올려주신 자료를 통해 영어를 매개로 세계적인 문제를 알고 사고를 확장할 수 있었던 점이다. 플라스틱 쓰레기 프로젝트를 진행하며 자료를 원어로 읽고 전 세계적인 환경오염 문제의 심각성과 이를 위해 취할 수 있는 행동을 배울 수 있었다. 또한 얕은 정보만을 제시하는 영어지문을 보충하는 학술지나 테드영상, 신문 기사를 올려주시면 원어로 자료를 보고 나의 생각을 친구들과 나누고 친구들의 생각을 읽음으로서 사고를 넓힐 수 있었다. 구글클래스룸을 통해 여러 시청각 매체로 영어를 접하며 영어에 대한 흥미를 더욱 고취시킬 수 있었고 실제로 윤지영 선생님과의 영어 자율 시간을 기다리기도 했다. 선생님과의 수업을 통해 영어학습은 내가 더 높은 곳에서 넓은 세계를 볼 수 있게 해 주는 유용한 도구가 될 수 있다는 것을 깨닫게 해 주었다. 항상 열정을 가지고 새로운 것에 도전하며 배움을 멈추지 않는 선생님을 보며 수험생인 저도 굉장한 자극을 받아 매사에 열심히 임할 수 있었습니다. 선생님 고3 담임 해내시느라 너무 수고 많으셨고 사랑합니다.—배○○

'Big WHAT, Small HOW'

시대적 요구에 따라 지속적으로 개정되고 있는 교육과정으로 인해 학교교육은 그야말로 혼돈을 경험하고 있다. 교육과정과 정책의 변화에 따라 학교에서는 그에 알맞은 대처 방안을 발빠르게 준비해야 하며, 교사들은 수업과 평가 방식의 변화 요구에 대응하여 그야말로 전문성을 제고해야 할 한 국면을 맞이했다. 미래교육은 잘 가르치는 유능한 교사에서 한 걸음 더 나아가 배움=삶이 되는 수업을 기획할 수 있는 안내자, 지원자로서의 교사의 역할을 강조하고 있기 때문이다.

이 책은 교사들의 고민을 조금이라도 덜어주는 고마운 책이다. 배움이 삶이 되고 학생이 자기 삶을 꾸려갈 수 있도록 미래 핵심 역량을 키우는 데 필요한 Big WHAT에 대해 먼저 고민한다. 이렇게 교육에 대한 큰 그림을 그린 후, 구글클래스룸과 에드테크라는 Small HOW를 이용해 수업에 적용한 후 그 사례를 보여주고 있다. 지금 현재 교육 정책이 'HOW'에만 더 큰 관심을 두고 있고 교육의 본질인 'What'에 대해서는 다소 소홀히 하고 있었다는 일깨움을 주기도 한다. 윤지영 교사가 이 책을 쓰는 데 결정적인 계기가 되었던 파견연수 이야기 및 본인의 수업 이야기를 함께 들려주고 있어서 이 책을 읽고 교실수업 개선을 위해 노력하는 선생님들이 용기와 희망을 가질 수 있을 것이라고 생각한다.

— 전라남도교육청 중등교육과장 위경종

"부장님, 좋은수업 실천연구 신청해야 할까요?"

갓 2년차가 된 내가 업무 이외에 부장님에게 드렸던 첫 질문인 것 같다. 하루하루 수업 준비하기에 급급했고 이런 수업을 공개한다는 것에 부담을 느꼈던 나에게 부장님의 한 마디는 나를 돌아보게 만들었다.

"신청해놓으면 '좋은 수업'을 고민해보는 계기가 되지 않을까?"

그때서야 나는 깨달았다. 교사는 수업을 위해 꾸준히 고민하고 노력해야하는 존재라는 것을. 그리고 그 당연하면서도 힘든 일을 하시는 선생님이 내 옆에 계시다는 것을! 이 책은 윤지영 선생님이 그동안 실제 학교 현장에서 활용한 다양한 에듀테크 프로그램에 대한 사례와 프로그램 활용 방법에 대해 상세하게 정리하고 있다. 그동안 어깨 너머로 지켜보았으나 감히 접근할 엄두가 나지 않았던 구글이 '상세하게 설명해 줄 테니 이제 그만 망설이고 어서 오라'고 반갑게 손짓하는 느낌이 든다. 실제 사례와 상세한 설명에 '내 수업에는 어떻게 적용할 수 있을까'를 고민하며 한 장 한 장 소중하게 읽었다. 이 책을 읽으며 급변하는 세상에서 누구보다도 변화에 빠르게 대처하고 학생들에게 새로운 세상을 안내해야할 교사인 내가 교과서에 갇힌 옛 수업방식을 벗어나지 못했음을 반성하고 앞으로 나아가야 할 수업방향을 고민해 볼 수 있었다. 설명의 중간 중간에 수업 개선을 위한 미국에서부터의 노력과 수업에서의 경험담을 풀어내고 있으니, 수업 개선에 용기를 얻고 싶은 선생님이나 교사와 학생, 학생과 학생이 소통하는 수업, 교실의 모든 아이들이 졸지 않고 주도적으로 학습하는 수업을 고민하는 선생님이 계시다면 누구든 이 책을 추천 드린다. 이 책과 함께라면 우리도 할 수 있다!!

— 해남고등학교 교사 김여울

학생들과 마주하는 교사로서 가장 행복한 순간은 언제일까? 라는 질문에 개개인마다 다양한 대답들이 나올 수 있다. 교단에서 많은 시간을 경험하지는 않았지만 수업시간에 의도한 내용적 지식의 이해, 학생들의 적극적인 참여, 수업을 통해 변화되고 즐거워하는 모습을 뒤로하고 교실 문을 나오는 순간이 아닐까 생각한다. 이러한 한 시간의 수업을 준비하는 과정에서 느끼는 부담감과 어려움은 모든 교사들이 학생과 마주하는 시간동안 피할 수 없으며 수업을 위해 계속적으로 노력하게 되는 이유이기도 하다. 수업을 바꾸고 개선하려는 많은 교사들이 교수학습 관련 연수와 관련서적을 통해 변화하려하지만 그 의지와 관심을 실행하고 실제 자신의 수업에 적용하는 일은 매우 어렵고 대부분 계속된 실패를 경험한다. 이 책을 읽으며 가장 좋았던 점은 기존에 알려진 다양한 수업 방법처럼 정해진 운영 방식에 대한 이해를 통한 수동적 접근과 적용이 아닌·구글클래스룸이라는 웹기반 시스템을 통해 자신의 수업을 디자인할 수 있다는 점이다. 이러한 확장성을 바탕으로 학생들의 학습과정에 대한 체계적이고 장기적인 학습 코칭이 가능하며 최근 관심이 높아진 교수평기의 적용에 있어서도 충분한 효과성을 발휘할 수 있다. 수업에 대한 관심과 노력을 통해 자신이 경험하고 실제로 진행하는 수업에 대해 구체적으로 기록한 이 책을 읽고 많은 교사들이 꿈꾸는 행복한 수업을 통해 행복감을 느낄 수 있었으면 좋겠다. 변화하는 사회에 우리가 나가야할 수업의 방향에 대한 징검다리가 될 수 있을거라 확신가지고 교사를 꿈꾸는 예비교사, 항상 수업을 고민하고 노력하는 동료교사들에게 이 책을 추천합니다.

— 해남고등학교 교사 박동욱

정형화된 기존의 수업에 지쳐있던 학생들에게 구글클래스룸을 통한 수업으로 새로운 세상을 보여주셨다. 과거, 교과서 속의 지식이 이 세상의 전부인 줄만 알았다. 하지만 플라스틱 프로젝트 수업을 기점으로 세계의 곳곳을 바라보며 이렇게 많은 사람들이 자신의 이익이 아니라 지구 공동체를 위해 투쟁하는 모습을 볼 수 있었고, 세계시민으로서 앞으로 어떤 가치를 위해 어떻게 나아갈 것인지 심도 있게 고민할 수 있었다. 그 과정에서 선생님께서 활용하셨던 구글클래스룸과 다양한 앱들은 문제의 답만 외우기 급급했던 우리들을 바꾸어 놓으셨다. 그 도구들로 우리 학생들이 특정 주제를 온전히 이해할 수 있도록 우리를 끊임없이 생각하게 하고, 그 생각을 서로 교환할 수 있는 환경을 만들어 주셨다. 선생님과 함께했던 지난 2년은 나의 진로가 지금의 확고한 방향을 갖출 수 있게 한 소중한 시간이었다.

— 해남고등학교 3학년 김찬미